BIBLIOTHÈQUE
DE LA
JEUNESSE CHRÉTIENNE

APPROUVÉE

PAR S. ÉM. Mgr LE CARDINAL ARCHEVÊQUE DE PARIS

3e SÉRIE IN-8°

PROPRIÉTÉ DES ÉDITEURS

« Soldats, songez que du haut de ces pyramides quarante siècles vous contemplent, et vont applaudir à votre victoire. »

LES FRANÇAIS
EN ÉGYPTE

OU

SOUVENIRS DES CAMPAGNES D'ÉGYPTE ET DE SYRIE

PAR UN OFFICIER DE L'EXPEDITION

RECUEILLIS ET MIS EN ORDRE

PAR J.-J.-E. ROY

CINQUIÈME ÉDITION

TOURS

ALFRED MAME ET FILS, ÉDITEURS

M DCCC LXV

AVANT-PROPOS

On lisait dans quelques-uns des grands journaux de Paris du mois de décembre 1854 l'article suivant :

« Encore un des rares débris de nos grandes
« guerres de la révolution et de l'empire qui vient
« de descendre dans la tombe. M. le colonel Chal-
« brand, qui avait fait avec distinction les cam-
« pagnes d'Italie, d'Égypte, d'Austerlitz, d'Iéna,
« d'Espagne, de Russie, vient de mourir à l'âge
« de quatre-vingt-un ans dans la commune de...,
« département de...., où il vivait retiré depuis plus
« de quarante ans. Après avoir employé la première

« partie de sa longue existence à la défense de sa
« patrie, il en consacra le reste à l'exercice de ces
« vertus paisibles qui distinguent l'homme de bien
« et le véritable philosophe chrétien. Toujours prêt
« à aider ceux qui avaient recours à lui, soit de sa
« bourse, soit des conseils de sa vieille expérience,
« il s'est montré jusqu'à ses derniers jours le bien-
« faiteur des pauvres, le consolateur des affligés,
« l'ami dévoué de tous ceux qui avaient eu le bon-
« heur de mériter son estime et sa confiance. Aussi
« a-t-il emporté en mourant les regrets de tous ses
« concitoyens, et sa perte a-t-elle été une véritable
« calamité pour le pays qu'il habitait. »

Nous ajouterons à cette notice des journaux que le colonel Chalbrand n'avait pas été seulement un guerrier remarquable par sa bravoure et ses talents militaires, il était aussi distingué par la profondeur de son instruction et la variété de ses connaissances. Il avait mis à profit, avec une rare persévérance, tous les instants de loisir qu'il pouvait se procurer pendant ses nombreuses campagnes, pour étudier sous tous les aspects les diverses contrées où le conduisaient les chances de la guerre. Les monuments des arts, les restes d'antiquités, comme les mœurs et les usages des peuples, étaient également l'objet de ses investigations. Il avait rapporté de tous les lieux qu'il avait parcourus des objets de curiosité dont il avait composé un véritable musée. L'Égypte surtout avait fourni la plus complète et la plus riche partie de sa collection ; il lui avait consacré une salle entière de sa maison. On y voyait des statues, des momies parfaitement conservées, et sous des vitrines une foule de petites statuettes de toutes formes, des meubles, des ustensiles, à l'usage des anciens Égyptiens. La plupart de ces objets provenaient des fouilles faites dans les tombeaux de Thèbes. Les murs étaient tapissés de feuilles de papyrus couvertes d'hiéroglyphes ou de caractères de l'écriture usuelle ou démotique. A côté de ces précieux restes de l'antiquité, on voyait des armures de chevaliers, des cimeterres recourbés, souvenirs des croisades et des combats livrés entre les chrétiens et les soldats de Saladin ou de Malek-Adel.

Il faisait les honneurs de sa collection avec affabilité et complaisance. Sa mémoire, toujours fraîche, était aussi bien ornée que sa maison ; ce qui rendait sa conversation aussi variée qu'instructive. Souvent ses amis l'ont engagé à écrire ses mémoires ; toujours il s'en est défendu en disant que tous les grands faits historiques dont il avait été témoin avaient été racontés par des plumes beaucoup plus exercées que la sienne, et que, quant aux événements particuliers ou aux anecdotes qui lui étaient personnelles, il n'avait pas la prétention de les croire assez intéressantes pour exciter la curiosité d'autres que de ses amis.

Ses amis jugeaient bien différemment; mais, ne pouvant le décider à écrire, quelques-uns d'entre eux se sont entendus pour recueillir ses conversations sur tous les principaux événements de sa vie. C'était chose facile; car, ainsi que tous les vieillards, il aimait à raconter; puis, si l'on avait omis quelques détails, il était aisé de lui faire recommencer plusieurs fois le même récit; ce qui permettait à ses auditeurs de l'écrire en quelque sorte sous sa dictée.

C'est ainsi qu'on s'est procuré les mémoires complets ou plutôt les souvenirs du colonel Chalbrand. Seulement ils ne forment pas un ouvrage suivi et régulier; ce que l'on comprendra facilement, parce que les récits du colonel ont été recueillis par diverses personnes, et que lui-même ne suivait aucun ordre pour les faire, et traitait tel ou tel sujet selon qu'il y était déterminé par ses interlocuteurs ou par des circonstances fortuites. Quand nous avons voulu extraire de ces mémoires ce qui concernait telle ou telle expédition, telle ou telle campagne, nous avons eu besoin de réunir les divers récits sur le même sujet, de les coordonner ensemble de manière à en former un tout régulier. Pour donner aux faits racontés plus de précision, nous y avons joint les dates, que, malgré la lucidité de sa mémoire, le colonel avait souvent omises; nous y avons aussi ajouté dans le même but quelques documents historiques, tels que proclamations, ordres du jour, actes officiels, qu'il ne faisait qu'indiquer sans en reproduire le texte.

De cette manière, à l'aide des renseignements que nous avons puisés à cette source, nous pouvons publier une série de récits intéressants, sous les titres suivants : *Les Français en Italie, les Français en Égypte, les Français en Allemagne, les Français en Espagne, les Français en Russie,* etc.

Nous commencerons par *les Français en Égypte*, ou *Souvenirs des campagnes d'Égypte et de Syrie*, parce que c'est un des épisodes les plus remarquables de cette grande époque militaire qui suivit la révolution française, une de ces expéditions qui portèrent le plus loin la gloire du nom français, et dont les résultats, quoique différents de ceux qu'on s'en était promis, n'en ont pas été moins utiles aux intérêts de la France, au progrès des peuples du Levant vers la civilisation, au développement des sciences et des arts, et à des découvertes qui ont éclairé d'un jour nouveau une des parties les plus obscures de l'histoire ancienne.

Le colonel Chalbrand était du petit nombre de ces hommes, dont il parle lui-même dans ses mémoires, qui avaient conservé les principes religieux dans lesquels ils avaient été élevés, malgré le philosophisme du xviiie siècle, malgré la révolution, malgré la vie des camps. Chaque fois qu'il en trouve l'occasion, il ne manque jamais de manifester ses principes et ses sentiments sur la religion, et ce ne sera pas, nous en sommes convaincu, la partie de ces *souvenirs* qui touchera le moins nos jeunes lecteurs.

LES
FRANÇAIS EN ÉGYPTE

CHAPITRE I

Le congé de semestre. — Retour dans ma famille. — Mes occupations pendant mon congé. — La lettre du docteur Marchand. — Départ pour Toulon. — Spectacle que présente l'armée. — Arrivée de Bonaparte. — Sa proclamation. — Départ de la flotte. — Notre-Dame-de-la-Garde. — Route de la flotte. — Sa disposition pendant la marche. — Arrivée devant Malte. — Préparatifs pour s'emparer de cette île. — Réflexions. — Situation de l'île de Malte. — Coup d'œil sur son histoire. — Bonaparte demande l'entrée du port pour faire de l'eau. — Réponse du grand maitre. — Réponse de Bonaparte. — Attaque de l'île sur tous les points. — Capitulation. — Occupation de l'île et des forts par l'armée française. — Visite dans l'île. — Sa description. — La cité Lavallette. — Appareillage de la flotte. — Départ du général Baraguay-d'Hilliers pour la France.

Le 17 octobre 1797, le jour même où fut signée la glorieuse paix de Campo-Formio, j'obtins un congé de semestre, ou plutôt de convalescence; car plusieurs blessures, et surtout la fatigue des dernières campagnes, avaient altéré ma santé. C'était la première fois, depuis que j'avais quitté la maison paternelle, c'est-à-dire depuis quatre ans, qu'il m'allait être enfin permis de revoir mon pays natal et d'embrasser mes parents. Aussi ma joie était-elle à son comble, et je n'aurais pas changé mon bonheur pour celui que dut éprouver Bonaparte lui-même dans cette journée où il vit l'Autriche forcée, dans son humiliation, de céder à toutes les exigences de son vainqueur.

Quinze jours après j'étais au milieu de ma famille,

et, grâce à ma jeunesse, à ma vie régulière, et surtout aux soins de mon excellente mère, ma santé se raffermit rapidement, et bientôt je ne ressentis plus rien de mes souffrances passées.

J'avais rapporté d'Italie une assez grande quantité d'objets rares, tels que camées antiques, vases étrusques, médailles et statuettes de bronze, d'argent et d'or, quelques petits tableaux des diverses écoles, et jusqu'à des fragments de pierres détachées du Colisée et de l'arc de triomphe de Trajan. C'étaient là mes trophées et les plus précieux souvenirs de mes campagnes. J'avais toujours eu la passion des voyages, et, si j'eusse été libre, j'aurais aimé à visiter en amateur les contrées célèbres de l'Italie, de la Grèce et de l'Orient. Mais la révolution était venue interrompre mes études et faire évanouir mes rêves d'avenir. Puis, comme le dit un poëte de cette époque :

> Quand arriva ce temps, de mémoire fatale,
> Où le crime planait sur ma terre natale,
> Effrayé, menacé par ce monstre cruel,
> Forcé de m'éloigner du foyer paternel,
> Je cherchai mon salut dans les rangs militaires
> Formés par la terreur, et pourtant *volontaires* (1).

Et voilà comment je fus incorporé dans un des bataillons de *volontaires* de la Côte-d'Or. Malgré mon peu de vocation pour l'état militaire, je finis peu à peu par m'accoutumer au métier de soldat, et j'en remplis tous les devoirs, sinon avec goût, du moins avec une exactitude qui m'attira la bienveillance de mes chefs. Bientôt j'obtins de l'avancement, et, après avoir passé rapidement par tous les grades inférieurs, je reçus les épaulettes

(1) Berchoux, *la Gastronomie*.

de sous-lieutenant à l'entrée de l'armée en Italie, et celles de lieutenant sur le champ de bataille de Rivoli.

Un des plus précieux avantages que me procura l'état militaire fut de me permettre quelquefois de profiter des voyages forcés qu'il me faisait faire, pour étudier les pays que je parcourais les armes à la main. C'est ainsi que j'avais visité déjà une partie de l'Allemagne, de la France et de l'Italie ; et de toutes ces contrées j'avais rapporté quelques souvenirs intéressants ou quelques dessins pris à la hâte ; car, malgré la multiplicité des travaux qui enlèvent presque tout son temps au soldat, j'avais toujours su trouver quelques instants pour me livrer à mes goûts favoris ; mais c'était surtout depuis que j'avais été nommé officier qu'il m'avait été accordé plus de facilité de les satisfaire, et c'était là ce qui donnait à mes yeux plus de prix à mon nouveau grade. Quand nous étions en garnison dans une ville, au lieu d'imiter la plupart de mes camarades, qui passaient presque tout leur temps au café et dépensaient leur argent en orgies, je visitais les ruines des anciens monuments, les musées, les églises ; je tâchais de lier connaissance avec quelques savants ou avec des artistes, et j'employais mes économies à l'achat de quelques tableaux de maîtres ou de quelque objet précieux d'antiquité. C'est ainsi que j'avais formé la collection que j'avais rapportée avec moi d'Italie.

Une de mes occupations pendant mon séjour dans ma famille fut de ranger ces objets par ordre et avec soin, et de commencer ainsi la formation du petit musée que je devais bientôt enrichir au prix de nouvelles fatigues et de nouveaux dangers.

J'employai à ce travail tout l'hiver de 1797-1798, ou de l'an VI de la République, pour parler le langage du temps. Mais au commencement du printemps, mon congé étant près d'expirer, il fallut songer à rejoindre mon corps. Une seule chose me préoccupait : c'était de savoir où s'ouvrirait la campagne de 1798. On était en paix avec toute l'Europe continentale; l'Angleterre seule restait armée. On parlait, il est vrai, depuis longtemps, d'une descente dans cette île; cent cinquante mille hommes étaient rassemblés sur les côtes de la Manche; cette armée avait reçu le nom d'armée d'Angleterre, et Bonaparte en avait été officiellement nommé général en chef. Cependant ma demi-brigade, que j'avais ordre de rejoindre, se trouvait à Toulon avec un grand nombre de troupes de toutes armes, formant une autre armée prête à s'embarquer pour une destination inconnue, mais qui, à coup sûr, ne pouvait être les îles Britanniques. Bientôt je reçus d'un de mes amis, aide-major de mon bataillon, une lettre qui souleva le voile dont ce mystère était encore enveloppé. En voici quelques passages :

« Au moment où votre congé va expirer, vous vous
« demandez sans doute de quel côté vous serez obligé de
« diriger vos pas : sera-ce au nord ou au midi, à l'est ou
« à l'ouest? car, Dieu merci, par le temps qui court,
« nous sommes habitués à promener nos étendards
« vers les quatre points cardinaux. Je crois pouvoir
« dissiper votre incertitude en vous faisant connaître,
« ce qui est encore un secret pour tout le monde, le
« but de l'expédition qui se prépare ici. Je dois vous
« déclarer d'abord que ce secret ne m'a pas été révélé
« confidentiellement, car je ne pourrais alors vous en
« faire part; mais de même que pour arriver, dans les
« sciences, à la solution d'un problème, on passe suc-
« cessivement du connu à l'inconnu, je suis parvenu,

« à l'aide de renseignements positifs, à acquérir la
« certitude que notre expédition est destinée pour
« l'Orient, et probablement pour l'Égypte. — Comme
« je vous connais amateur passionné de l'histoire et
« des monuments de l'antiquité, j'espère que vous
« apprendrez cette nouvelle avec plaisir, et que vous
« serez enchanté de venir avec nous visiter la vieille
« terre de Pharaon et de Ptolémée. Du reste, je dois
« vous prévenir que vous serez en bonne compagnie,
« et qu'une nombreuse réunion de savants a été
« enrôlée, sous le nom de *Commission scientifique,*
« pour suivre l'armée. On y remarque des académi-
« ciens, des ingénieurs, des mathématiciens, des
« astronomes, des chimistes, des naturalistes, des
« dessinateurs, etc. etc. J'ajouterai encore que l'on
« a embarqué un matériel complet d'imprimerie, avec
« des caractères français et arabes sortant de l'impri-
« merie nationale, et que des interprètes arabes et
« turcs ont été attachés à l'état-major. Ces détails, je
« pense, suffiraient pour justifier mes présomptions;
« il en est d'autres qui ont eu moins de publicité,
« parce qu'ils regardent plus spécialement mon ser-
« vice, mais qui sont à mes yeux des preuves encore
« plus certaines de l'intention du gouvernement. Des-
« genettes et Larrey ont été préposés au service médi-
« cal de l'armée, l'un comme médecin, l'autre comme
« chirurgien en chef. Un arrêté de la commision d'ar-
« mement les a chargés de recruter des médecins et
« des chirurgiens qui aient voyagé en Orient, et sur-
« tout en Égypte; on a demandé des rapports sur la
« nature des maladies endémiques de l'Égypte et de
« la Syrie, et l'on a fait embarquer en grande quan-
« tité, avec les provisions générales des pharmacies,

« les médicaments propres au traitement de ces mala-
« dies... Je pense que vous voilà suffisamment édifié
« pour n'être pas pris au dépourvu... »

Cette lettre, ainsi que l'avait pensé le docteur Marchand (c'était le nom de mon correspondant), me causa un plaisir indicible. L'Égypte, la Syrie, et surtout la Palestine, avaient toujours été l'objet de mes rêves de voyages, et voilà que j'allais être appelé à visiter ces contrées, non pas comme un voyageur isolé, exposé aux avanies et au brigandage des Arabes, mais les armes à la main, comme au temps de Godefroy de Bouillon ou de saint Louis. Je profitai du peu de temps qui me restait encore avant mon départ pour relire tous les auteurs anciens et modernes qui avaient écrit sur l'Égypte et la Palestine. Hérodote, Strabon, Homère, Diodore de Sicile, Pline l'Ancien, furent tour à tour l'objet de mes élucubrations; mais par-dessus tous je lus et je relus la Bible, et les récits naïfs et touchants de la Genèse et de l'Exode, depuis le voyage d'Abraham en Égypte, depuis l'histoire si intéressante de Joseph, jusqu'à la sortie du peuple hébreu de ce pays, sous la conduite de Moïse. J'ai eu souvent occasion dans la suite, comme on pourra le voir, de reconnaître la vérité des récits de l'écrivain sacré et l'exactitude de ses descriptions. Je parcourus aussi les historiens des croisades, surtout le recueil intitulé *Gesta Dei per Francos,* et les curieuses chroniques du sire de Joinville; puis je terminai cette étude par la lecture de deux voyageurs contemporains, Savary et Volney, qui avaient publié leurs ouvrages depuis une dizaine d'années. De tous ces livres je n'emportai avec moi qu'une petite Bible latine contenant l'Ancien et le Nouveau Testament. Quant aux autres auteurs, je me contentai d'en faire quelques extraits manuscrits.

Quand j'eus ainsi complété ce que j'appelais ma cargaison *morale*, je me mis en route après de touchants adieux à ma famille. J'arrivai à Toulon dans les premiers jours de mai. Il serait difficile de se faire une idée du spectacle qu'offrait l'armée réunie dans cette ville. Elle n'était point encore instruite officiellement du point où elle devait porter ses armes; mais tous les chefs pensaient, comme mon ami le docteur Marchand, que ce serait en Égypte. Quant aux soldats, ils s'en inquiétaient fort peu. Avec un général en chef comme Bonaparte, avec des généraux de division ou de brigade comme Desaix, Kléber, Murat, Lannes, Junot, Davout et tant d'autres, peu leur importait le lieu où on les conduisait; les eût-on menés au bout du monde, ils y seraient allés avec confiance. — Puis, au milieu de tout ce tumulte qui précède et accompagne le départ d'une armée, que de projets rêvés par des esprits ambitieux ou avides de richesses! Les uns fondaient sur cette expédition tout un avenir de gloire et d'honneurs, les autres y voyaient la fortune; et la plupart n'ont recueilli que de cruelles déceptions. Combien sont morts soit par le fer ennemi, soit par les maladies, soit par le chagrin! Combien d'autres, dont le moral avait pu résister aux dégoûts et aux privations de toute espèce, se sont estimés heureux de revoir leur patrie plus pauvres qu'ils ne l'avaient quittée, mais du moins la vie sauve! Du reste, ces tristes réflexions ne venaient alors à l'esprit de personne. On riait, on chantait, on s'étourdissait sur les privations et les dangers de l'avenir; on attendait avec impatience le signal du départ.

Bonaparte arriva à Toulon le 9 mai. Le lendemain il

adressa à l'armée de terre et de mer une proclamation où l'on remarquait les passages suivants :

« Soldats !

« Vous êtes une des ailes de l'armée d'Angle-
« terre. Vous avez fait la guerre des montagnes, des
« plaines et des siéges; il vous reste à faire la guerre
« maritime.

« Les légions romaines, que vous avez quelque-
« fois imitées, mais pas encore égalées, combattaient
« Carthage tour à tour sur cette même mer et aux
« plaines de Zama. La victoire ne les abandonna
« jamais, parce que constamment elles furent braves,
« patientes à supporter les fatigues, disciplinées et
« unies entre elles.

« Soldats, l'Europe a les yeux sur vous; vous avez
« de grandes destinées à remplir, des batailles à livrer,
« des fatigues à vaincre...

« Soldats, matelots, fantassins, canonniers, soyez
« unis ; souvenez-vous que le jour d'une bataille vous
« avez tous besoin les uns des autres.

« Soldats, matelots, la plus grande sollicitude de la
« république est pour vous; vous serez dignes de
« l'armée dont vous faites partie... »

Un tel langage dans la bouche d'un homme environné de tout le prestige de la gloire transporta toutes les âmes. Officiers et soldats furent également électrisés, et un cri général d'enthousiasme et d'impatience appela le moment du départ.

Il avait été fixé d'abord au 15 mai ; mais un violent coup de vent d'est retint l'escadre encore cinq jours sur ses ancres. Enfin elle appareilla le 19 au soir, et le 20 au matin elle sortit toutes voiles déployées, aux acclamations de la foule accourue sur le rivage, au bruit de l'artillerie des forts qui saluaient notre départ. Jamais spectacle plus imposant ne s'offrit à mes regards, et le temps n'a pas effacé l'impression qu'il produisit sur mon âme. Mes regards se portaient tour à tour sur le rivage de la patrie que nous quittions peut-être pour toujours, sur ces innombrables vaisseaux dont les blanches voiles resplendissaient au soleil levant, sur cette mer unie comme un miroir, que nos proues sillonnaient en tout sens, tandis qu'autour de moi j'entendais les chants joyeux des soldats, les fanfares guerrières des musiques militaires, et les sons aigus et prolongés du sifflet des contre-maîtres commandant la manœuvre. Au milieu de tout ce mouvement, de toute cette agitation, mes pensées se reportaient sur le passé : je songeais à la flotte de saint Louis, non moins nombreuse que la nôtre, non moins enthousiaste, partant des mêmes rivages pour la même destination. Là s'arrêtait la ressemblance ; car la foi qui animait les croisés, l'espérance qui les soutenait, le but qu'ils se proposaient n'avaient guère de rapports avec les divers mobiles qui nous dirigeaient en ce moment. Cependant cette foi de nos pères n'était pas encore entièrement éteinte dans le cœur de ces milliers de braves qui allaient avec tant d'insouciance affronter des dangers inconnus ; c'est une remarque que j'ai eu plus d'une fois occasion de faire dans la suite, et qui me frappa le jour même de notre départ ; car je vis plus d'un matelot provençal tourner pieusement les regards vers le rocher de Notre-Dame-de-la Garde, dont la cime apparaissait à l'horizon, et adresser vers ce sanctuaire, alors dévasté (1),

(1) La chapelle de Notre-Dame-de-la-Garde est construite au sommet d'une montagne très-élevée qui domine Marseille. Elle a été depuis sa

une humble et fervente prière à celle que l'Église appelle l'Étoile de la mer.

Pour moi, la grandeur de ce spectacle, les souvenirs qu'il éveillait en moi, me jetèrent dans une profonde rêverie. Loin de partager la joie bruyante de mes camarades, j'éprouvais un sentiment indéfinissable de tristesse ; pour me livrer sans contrainte à mes pensées, je m'appuyai sur le bastingage du vaisseau, et, absorbé dans mes réflexions, je regardais, presque sans la voir, la côte de Provence qui fuyait devant nous.

Nous longeâmes cette côte jusqu'à Gênes, où nous ralliâmes le convoi réuni dans ce port par le général Baraguay-d'Hilliers. La flotte cingla ensuite vers le cap Corse, qui fut signalé le 23 mai au matin. Elle resta en vue du côté oriental de l'île jusqu'au 30, pour attendre le convoi d'Ajaccio, qui était sous les ordres du général Vaubois. Quand il eut rejoint, l'escadre louvoya quelques jours à la hauteur de l'île de Sardaigne, où devait la rejoindre le convoi de Cività-Vecchia, commandé par le général Desaix. Le 3 juin, le convoi ne paraissant pas encore, Bonaparte donna l'ordre à l'amiral Brueys de continuer la route.

Le 7 juin, l'armée navale longeait la Sicile. Nous passâmes à une portée de canon de la jolie ville de Massara. Le rivage était couvert d'une foule nombreuse qui regardait avec inquiétude cet immense armement dont la destination était inconnue. Un aviso fut envoyé pour rassurer le gouverneur de l'île, qui était lui-même fort alarmé.

---

fondation l'objet de la vénération des Marseillais, des Provençaux, et surtout des marins. En 1773, l'église fut fermée, et la statue en argent de la Vierge fut vendue aux Génois. La chapelle de Notre-Dame-de-la-Garde n'a été rouverte et rendue au culte que le 4 avril 1807.

La marche de l'escadre était admirable ; elle s'avançait dans le plus bel ordre sur trois colonnes, et ses quatre cents voiles présentaient l'aspect d'une ville florissante. L'intérieur des bâtiments offrait à l'œil de l'observateur un tableau non moins intéressant. Trois fois par jour les troupes étaient exercées à la manœuvre du canon. Le soir, les musiques des régiments se faisaient entendre sur différents bords, et rien ne saurait rendre l'effet que produisait, par un temps calme, cette harmonie guerrière qui semblait sortir du sein des flots. On distinguait surtout la musique des guides de Bonaparte, qui jouait ordinairement la *Marche des Tartares* de Kreutzer, air alors fort en vogue et que le général en chef affectionnait beaucoup.

Le plus beau temps favorisait notre route ; l'armée se tenait, suivant les circonstances, au vent ou sous le vent du convoi. Les changements de position, les avis des bâtiments en découverte nécessitaient quantité de signaux, qui devenaient les nouvelles de l'armée et qui étaient pour nous une sorte de spectacle et de sujets à conjectures. Cette variété d'exercices, de travaux, de délassements, entretenait l'ardeur et l'enthousiasme des troupes, et faisait disparaître la monotonie et l'ennui inséparables d'une navigation lente et prolongée.

Le 8 juin nous quittâmes les côtes de Sicile, et le 9 au matin nous arrivâmes en vue de l'île de Malte, où le convoi de Civita-Vecchia nous attendait depuis le 6. Notre armée navale se trouvait alors au complet ; aussitôt elle reçut l'ordre de se former en ligne de bataille et de s'avancer vers l'île ; car Bonaparte était résolu à s'en emparer, et à employer la force pour y parvenir, si les voies moins hostiles qu'il allait tenter d'abord ne réussissaient pas. En un clin d'œil, les cinq cents voiles françaises, décrivant un immense demi-cercle, menacèrent tous les points attaquables.

La possession de cette île devenait indispensable pour mener à bonne fin nos projets sur l'Égypte. Située dans le canal qui sépare la Sicile de l'Afrique, à environ deux cent soixante lieues sud-est de Toulon, Malte offrait une position intermédiaire qu'il aurait été dangereux de laisser à des ennemis, ou même à des neutres. Elle allait certainement tomber au pouvoir des Anglais, si nous ne nous hâtions de les prévenir. C'étaient là, j'en conviens, des nécessités de la politique que je ne discute pas; ce qui ne m'empêchait pas de déplorer les malheurs des temps qui forçaient une armée française, allant à la conquête de l'Égypte, de commencer ses exploits par s'emparer d'une île qui fut si longtemps le boulevard de la chrétienté contre l'islamisme, et par détruire un ordre religieux fondé pour résister à ces mêmes infidèles que nous allions combattre. Mais, dira-t-on, l'ordre de Malte était bien dégénéré; comme la plupart des institutions du moyen âge, il en était venu à perdre son objet, à perdre en même temps toute sa dignité, toute sa force : il n'était plus qu'un abus, profitable à ceux-là seulement qui l'exploitaient. Ce sont là les raisons, ou d'autres équivalentes, qui sont toujours au service des révolutions pour détruire des institutions anciennes et utiles, plutôt que de réformer les abus introduits avec le temps, et qu'il eût été plus sage de faire disparaître que d'abolir les institutions elles-mêmes. Puis vient un temps où l'on regrette cette destruction; mais il est trop tard, parce qu'il est toujours plus facile de démolir que d'édifier. C'est ce qui arriva à Bonaparte lui-même à l'égard de l'ordre de Malte. Après l'avoir détruit en 1798, comme général de la république française, trois ans plus tard, en 1801, quand il fut parvenu au pouvoir sous le titre de premier consul, il stipula formellement dans le traité d'Amiens *le rétablissement de l'ordre de Saint-Jean de Jérusalem et sa réintégration à Malte;* mais l'Angleterre, après avoir signé ce traité, refusa d'en exécuter les clauses, et d'évacuer l'importante station qu'elle occupait au milieu de la Méditerranée. Ce fut une des causes qui amenèrent bientôt la rupture de la paix, et entraînèrent cette longue et terrible guerre de quinze ans, terminée par la chute de Napoléon et sa captivité sur le rocher de Sainte-Hélène. Mais laissons cette digression, qui nous mènerait trop loin, et revenons à notre récit.

L'île de Malte est située par les 35° 54' de latitude et 11° 10' de longitude est du méridien de Paris. Elle est la principale d'un groupe composé des trois îlots de Gozzo, Cuminot et Cuminotto. Elle est située à vingt lieues de la Sicile et à soixante des côtes d'Afrique.

Il paraît certain que l'île désignée dans l'Odyssée sous le nom d'*Hypérie* n'est autre que Malte. Ce premier nom fut remplacé par celui d'*Ogygie*, et c'était là que résidait Calypso, et que les vents conduisirent Ulysse après le siége de Troie.

Les Phéniciens restèrent maîtres de cette importante station jusqu'en 736 avant Jésus-Christ. A cette époque les Grecs, pour faciliter leur commerce avec la Sicile, expulsèrent les Phéniciens de l'île, et lui donnèrent le nom de *Melita*, à cause de l'excellent miel qu'on y recueille : de là l'origine du nom de Malta, que lui donnèrent les Sarrasins et qui fut conservé jusqu'à nos jours. Cette île fut successivement occupée par les

Carthaginois, les Romains, les Vandales, les Arabes, les Normands, et depuis ces derniers elle eut toujours les mêmes maîtres que la Sicile, jusqu'en 1530, que Charles-Quint, désireux d'établir un puissant boulevard entre l'Afrique musulmane et l'Europe chrétienne, fit don des îles de Malte et de Gozzo aux chevaliers de Saint-Jean de Jérusalem, qui, expulsés de Rhodes, leur chef-lieu, erraient, sans savoir où se fixer, sur les côtes d'Italie. L'ordre prit dès lors le nom de sa nouvelle résidence.

Ils établirent d'abord leur ville capitale à Cività-Vecchia, dans le milieu de l'île ; mais, attaqués en 1565 par toutes les forces de l'empire ottoman, ils reconnurent pendant le siége tous les désavantages de leur position dans les terres, et ne durent leur salut qu'à une persévérance et à un courage surnaturels. Après leur délivrance, leur ville n'offrant plus qu'un amas de ruines incapable de résister à une nouvelle attaque dont ils étaient menacés, quelques voix proposèrent d'abandonner Malte, trop exposée, et de transporter ailleurs la résidence de l'ordre. Mais le grand maître Lavalette, qui avait signalé sa bravoure pendant le siége, résolut de rester dans l'île et de remplacer l'ancienne capitale par une forteresse construite sur le bord de la mer. A sa voix s'éleva la cité actuelle qui porte son nom, et que les grands maîtres ses successeurs se sont plu à fortifier par des travaux admirables et parfaitement entendus. Toutes les fortifications sont construites en pierres de taille ou creusées dans le roc; tous les magasins sont à l'abri de la bombe. Les ouvrages, les batteries et les forts sont entassés les uns sur les autres, croisant leurs feux de manière à rendre cette place imprenable. Aussi, le lendemain de sa reddition, le général Caffarelli, en visitant avec Bonaparte les fortifications, lui dit en plaisantant : « Ma foi, général, il est heureux qu'il y ait eu du monde dans cette forteresse pour nous en ouvrir les portes ; autrement il nous eût été impossible d'y entrer. »

Nous avons dit que le 9 juin au matin l'armée française s'avançait en ordre de bataille sur les différents points de l'île. A midi, Bonaparte envoya un de ses aides de camp demander l'entrée du port pour faire de l'eau et renouveler quelques provisions. Le grand maître Hompech fit répondre par le sieur Carasson, consul de France à Malte, que les statuts de l'ordre ne permettaient l'entrée du port qu'à quatre navires au plus à la fois, et qu'il ne pouvait enfreindre cette règle. A dix heures du soir, le consul vint apporter cette réponse à Bonaparte. Il reçut aussitôt l'ordre de répondre au grand maître dans les termes suivants : « Le gé-
« néral en chef a été indigné de ce que vous ne vouliez
« accorder la permission de faire de l'eau qu'à quatre
« bâtiments à la fois : et, en effet, quel temps ne fau-
« drait-il pas à quatre ou cinq cents voiles pour se
« procurer de cette manière l'eau et d'autres choses
« dont elles ont un pressant besoin ? Ce refus a d'au-
« tant plus surpris le général, qu'il n'ignore pas la pré-
« férence accordée aux Anglais. Le général est résolu
« à se procurer de force ce qu'on on aurait dû lui accor-
« der en suivant les principes de l'hospitalité qui sont
« la base de votre ordre. J'ai vu les forces considéra-
« bles qu'il commande, et je prévois l'impossibilité
« où se trouve l'île de résister... Le général n'a pas
« voulu que je retournasse dans une ville qu'il se
« croit obligé désormais de traiter en ennemie... Il a
« donné des ordres pour que la religion, les mœurs

« et les propriétés des Maltais fussent respectées. »

Le 10, dès trois heures du matin, et tandis que Brueys se chargeait d'imposer silence aux batteries du port, nos troupes, conduites par les généraux Desaix, Belliard, Reynier, Vaubois, Lannes et le chef de brigade Marmon, descendirent non-seulement dans l'île de Malte et sur quatre points à la fois, mais encore sur les deux petites îles voisines de Gozzo et de Cumino. Cette opération s'effectua sans aucune difficulté, car les Maltais fuyaient sur tous les points. A dix heures, toute la campagne et tous les forts du côté de la mer étaient en notre pouvoir. A midi, la ville de Lavalette était cernée de tous côtés. A une heure, on débarqua douze bouches à feu et tout ce qui était nécessaire pour l'établissement de trois plates-formes de mortiers; en même temps plusieurs frégates prenaient position devant le port. Le général en chef, accompagné du général de génie Caffarelli, alla reconnaître l'emplacement des batteries, qu'il fit tracer sous ses yeux. En ce moment les assiégés tentèrent une sortie, qui fut vigoureusement repoussée par le détachement que commandait Marmont. Cet officier enleva de sa propre main un drapeau, et fut fait à cette occasion général de brigade. Pendant le reste de la journée, le canon des remparts ne cessa de tirer sur les troupes françaises, mais sans leur causer la moindre perte.

Vers le soir, plusieurs chevaliers appartenant à la *langue française* déclarèrent au grand maître que leur devoir comme chevaliers était de faire la guerre aux Turcs, et non à leurs compatriotes; qu'en conséquence ils ne voulaient plus se battre. On en jeta quelques-uns en prison; mais le trouble était dans toutes les têtes. Il régnait une telle confusion dans la place, et les alertes y étaient si continuelles, que les patrouilles se fusillaient les unes les autres. A minuit, les principaux habitants se rendirent au palais du grand maître et l'invitèrent à capituler. Ferdinand de Hompech, qui avait peu d'énergie, et qui songeait à sauver ses intérêts du naufrage, tira de prison trois des chevaliers français qu'il y avait jetés, et le lendemain 11 les envoya négocier avec Bonaparte. De son côté, Bonaparte désigna pour régler les préliminaires de la capitulation son aide de camp Junot; le sieur Poussielgue, autrefois secrétaire d'ambassade à Gênes, et qui déjà avait été envoyé en mission secrète à Malte sur la fin de l'année précédente; enfin un des savants attachés à la commission d'Égypte, M. Dolomieu, ancien commandeur de l'ordre avant la révolution.

Le traité, bientôt conclu, portait en substance que les chevaliers remettraient le 12 la ville et le port de Malte à l'armée française, et qu'ils renonceraient en faveur de la France à leurs droits de propriété et de souveraineté sur l'île de Malte et ses dépendances. En retour, Bonaparte promettait au grand maître de demander pour lui au congrès de Radstadt une principauté équivalente en Allemagne. A défaut, il lui assurait une rente viagère de trois cent mille francs, et devait, dans tous les cas, lui faire payer six cent mille francs comptants pour indemnité de son mobilier. Bonaparte garantissait en outre sept cents francs de pension à chaque chevalier de la langue française reçu avant 1792, mille francs aux sexagénaires, et engageait sa médiation pour que les chevaliers des autres langues fussent mis, dans leur patrie respective, en jouissance des biens de l'ordre. Telles furent les conditions principales au moyen desquelles la France devint maîtresse du premier port de la Méditerranée et l'un des mieux fortifiés qui soient au monde. Trente mille fusils, douze cents pièces de canon, douze mille barils de poudre, des vivres pour six mois, un vaisseau, deux frégates, trois galères et d'autres petits bâtiments de guerre, enfin le trésor de l'église Saint-Jean, estimé trois millions de francs : tels étaient les avantages matériels de cette importante acquisition.

Le 12, aussitôt après la signature de la convention, le drapeau tricolore remplaça sur l'île toutes les bannières de l'ordre, et Bonaparte fit son entrée à Lavalette à la tête des troupes débarquées.

Du 13 au 19, Bonaparte s'occupa d'organiser sa conquête. Il nomma Vaubois gouverneur militaire de Malte, de Gozzo et de Cumino, avec quatre mille hommes de garnison ; il donna à Regnault de Saint-Jean-d'Angély la qualité d'agent du gouvernement français, et confia l'administration centrale à une commission de cinq membres. Il prit tous les arrêtés nécessaires à l'établissement du régime municipal dans les trois îles ; il organisa la garde nationale, créa plusieurs compagnies de canonniers pour la défense des côtes, et publia une foule de règlements pour l'administration et la police intérieure de l'île.

Tandis qu'il préludait ainsi au rôle de souverain et de législateur, qu'il devait bientôt continuer en Égypte et qu'il prévoyait peut-être déjà ne pas tarder à remplir en France et en Europe, je profitai de la tranquillité qui régnait dans l'île, grâce à la présence de l'armée française, pour la parcourir d'un bout à l'autre, et chercher, selon mon habitude, ce qu'elle pouvait offrir de curieux.

En me rappelant que Malte était l'île d'Ogygie habitée autrefois par Calypso, je pensais à cette description enchanteresse qu'en a tracée Fénelon dans les premières pages de son *Télémaque*. Quoique bien persuadé d'avance que ce délicieux tableau n'avait jamais existé que dans l'imagination poétique de l'illustre écrivain, j'éprouvai un vif désappointement en me trouvant en présence de la réalité. L'aspect général de Malte est d'une monotonie désespérante. Le sol forme un plan incliné, avec des escarpements de quatre cents mètres d'élévation au-dessus des flots dans la partie sud et sud-est, et une plage au niveau de la mer dans la partie opposée. Des montagnes arides, aux flancs desquelles pendent de rares arbrisseaux, sont séparées par des vallées poudreuses, où la végétation serait nulle sans l'opiniâtre travail des habitants, qui sont allés chercher en Sicile de la terre végétale pour en couvrir leurs rochers, et leur faire produire des récoltes insuffisantes encore pour les nourrir.

Ce qu'il y a de plus curieux à Malte, c'est sa capitale, la cité Lavalette. Cette ville est située sur deux magnifiques ports, l'un appelé le *Grand-Port*, l'autre le *Marsat-Musciet*. Pour se faire une idée de l'étendue du premier, toute notre armée navale avec son convoi, formant en tout près de cinq cents voiles, s'y était rangée sans confusion, et n'en occupait guère que le tiers. Le mouillage est si sûr et si facile, que nos plus gros vaisseaux étaient amarrés à portée de pistolet des quais.

La ville se compose de cinq grands quartiers, qui forment autant de villes distinctes, séparées l'une de l'autre, et formant cependant un ensemble qu'on peut embrasser d'un regard : ce sont la *cité Lavalette* proprement dite, la *Florianne*, la *cité la Sangle*, la *Burmola* et le *Bourg* ou *cité Victorieuse*; on peut y ajouter le bourg *Vilhena*, groupe de maisons assez considérable.

Ces différentes parties de la ville sont baignées ou séparées entre elles par la *Marsa-Musciet*, qui enferme l'île du lazaret, et par les cinq ports secondaires entre lesquels se subdivise le *Grand-Port*. Ce que la ville offre de plus remarquable, ce sont ses formidables fortifications, dont les plus importants ouvrages sont le *château Saint-Elme*, le fort *Ricazoli*, le château *Saint-Ange*, le fort *Manoël*, le fort *Sainte-Marguerite* et les fortifications de *Florianne*. Les rues, formant pour la plupart une pente rapide et disposées en escaliers, présentent un aspect étrange et original. Elles sont bordées de maisons construites en belles pierres blanches, terminées en terrasses, et ornées de balcons couverts. Les principaux édifices sont le *palais des Grands-Maîtres*, décoré de peintures des meilleures écoles d'Italie, et renfermant une collection curieuse d'anciennes armures ayant appartenu aux chevaliers ou ayant été conquises sur les Sarrasins; l'église *Saint-Jean*, où l'on voit les tombeaux de quatre cents chevaliers. Elle renfermait des richesses immenses et un trésor évalué à trois millions, ainsi que nous l'avons dit. On remarquait entre autres une magnifique lampe en or du poids de deux cent trente marcs, qui ornait une des chapelles latérales; cette lampe fut immédiatement convertie en lingots, dont on fit des sequins à la monnaie du Caire. Les statues en argent des douze apôtres qui ornent le chœur de l'église devaient subir le même sort que la lampe ; mais les principaux habitants de la ville offrirent le même poids en argent monnayé, et à ce prix ils obtinrent la conservation des images de leurs saints. On peut citer encore comme édifice remarquable la *Bibliothèque*, moins curieuse peut-être par les volumes qu'elle renferme que par un musée assez riche en antiquités, et que je regrettai beaucoup de ne pouvoir visiter avec plus de soin, — les *hôtels* des différentes langues, parmi lesquels on distingue, pour son élégante façade, l'hôtel de la langue de Provence ; enfin, le *Grand-Hôpital*, et plusieurs maisons particulières qui méritent le nom de palais.

Le 19 juin 1798, la flotte française appareilla pour suivre sa destination. Elle emmenait avec elle les bâtiments trouvés dans le port de Malte ; elle emmenait aussi ceux des chevaliers français qui avaient moins de trente ans et qui n'avaient pas porté les armes contre la France dans les guerres de la révolution. Quelques-uns reprirent leurs grades dans l'armée ; les autres entrèrent dans les différentes administrations. Parmi eux j'ai connu personnellement MM. Chanaleilles, Legroing, Brizon-Duroure, Duquesnoy et Lapanouze.

Le général Baraguay-d'Hilliers, dont la santé s'était dérangée, avait sollicité la permission de rentrer en France. Ce fut lui que Bonaparte chargea de présenter au Directoire le drapeau et la plus grande partie du trésor de l'ordre ; mais le vaisseau qui portait ces trophées d'une victoire facile fut pris par les Anglais.

CHAPITRE II

Arrivée devant Alexandrie. — Coup d'œil sur la topographie de l'Égypte. — Sa division en haute, moyenne et basse. — Le Nil. — Fertilité de la vallée du Nil. — Population de l'Égypte ancienne. — Sa population au moment de l'expédition. — Cophtes, Arabes et Turcs. — Mamemeluks. — Organisation de cette milice. — Elle secoue le joug de la Porte et devient maîtresse de l'Égypte. — Les beys. — Leurs rivalités. — Ibrahim et Mourad-Bey. — Vexations exercées contre les négociants français. — Plaintes adressées par eux au gouvernement français. — Réponse de la Porte. — Nouvelles vexations des beys. — Apparition de la flotte française sur les côtes d'Égypte. — Bonaparte donne l'ordre du débarquement. — Sa proclamation à l'armée. — Opération du débarquement. — Marche des premières troupes débarquées contre Alexandrie. — Apparition des Bédouins. — Alexandrie. — Son ancienne prospérité, sa décadence. — Assaut et prise de cette ville. — Entrée de Bonaparte à Alexandrie. — Danger qu'il court. — Le gouverneur Coraïm prend parti contre les mameluks. — Négociations avec les Arabes du désert. — Débarquement du reste de l'armée. — Funérailles des Français tués devant Alexandrie. — Organisation administrative d'Alexandrie. — Proclamation aux Égyptiens. — Le contre-amiral Perrée et le général Dugua envoyés pour s'emparer de Rosette. — État de cette ville. — Terreur des habitants. — Le négociant Varsy. — Danger qu'il court. — Massacre d'un domestique français. — Arrivée de la proclamation de Bonaparte. — Effets qu'elle produit. — Les habitants envoient leur soumission au général Dugua. — Ce général laisse une garnison et remonte le Nil avec sa division. — Bonaparte donne des ordres pour pourvoir à la sûreté de l'escadre.

En quittant Malte, la flotte cingla droit à l'est dans la grande mer qui sépare cette île de l'île de Candie. Après sept jours d'une navigation fort douce, nous arrivâmes devant cette célèbre île de Crète aux cent villes, jadis si florissante, et aujourd'hui si déchue, comme tous les pays soumis à la domination musulmane. Six jours après nous apercevions les minarets d'Alexandrie et la tour des Arabes; et le lendemain, 1ᵉʳ juillet, on apercevait la colonne de Pompée et la ville même d'Alexandrie. Deux jours auparavant, l'amiral anglais Nelson, qui poursuivait notre flotte depuis son départ de Malte, était arrivé dans ce port, et, ne nous y ayant pas rencontrés, il avait continué sa navigation pour se porter sur les côtes de Caramanie.

Bonaparte ordonna le débarquement pour le soir même... Mais, avant d'entrer dans les détails de l'expédition, je crois utile de tracer une sorte d'esquisse topographique du pays que nous allons parcourir, et surtout d'expliquer quels étaient les habitants, quel était l'état social de ce singulier pays à la fin du siècle dernier et au moment où nous y abordâmes.

La géographie de l'Égypte est assez connue pour que je me borne ici à de simples notions générales. — L'Égypte se divise en trois parties : la haute Égypte, appelée Saïd; l'Égypte moyenne, appelée Ouestanieh; et la basse Égypte, appelée Bahired, qui forme le Delta. Le Saïd renferme deux provinces, savoir : Thèbes et Girgeh; l'Ouestanieh en a quatre : Benisout, Siout, Faïoum et Daifih; le Delta en compte neuf : Bahireh, Rosette, Garbieh, Menouf, Damiette, Mansoura, Charkieh, Kelioub et Gizeh.

L'Égypte comprend en outre la Grande-Oasis, la vallée du Fleuve-sans-Eau et l'oasis de Jupiter Ammon ou simplement d'Ammon.

La Grande-Oasis est située parallèlement au Nil, sur la rive gauche. Elle a cent cinquante lieues de long. Les points les plus éloignés du fleuve en sont à soixante lieues, les plus rapprochés à vingt.

La vallée du Fleuve-sans-Eau, près de laquelle sont les lacs Natrons, objets d'un commerce assez important, est à quinze lieues de la branche de Rosette. Cette vallée était jadis fertilisée par le Nil.

L'oasis d'Ammon est à quatre-vingts lieues du fleuve, sur la rive droite.

Le territoire égyptien s'étend vers les frontières de l'Asie jusqu'aux collines qu'on rencontre autour d'El-Arische, c'est-à-dire jusqu'à environ quarante lieues de Péluse, d'où la ligne de démarcation traverse le désert, passe à Suez, et longe la mer Rouge jusqu'à Bérénice. Le Nil coule parallèlement à cette mer; ses points les plus éloignés en sont à cinquante lieues, les plus rapprochés à trente.

Le Nil, qui prend sa source dans les montagnes de l'Abyssinie, coule l'espace de six cents lieues avant d'entrer en Égypte. Il y entre enfin à la hauteur de l'île de Philé ou d'Éléphantine, ou plutôt il y tombe en se précipitant des cataractes de Syène, traverse le pays dans sa plus grande longueur, et dans ce pays, où il ne pleut jamais, féconde seul, par ses inondations régulières, par le limon qu'il dépose sur le sol, des déserts qui sans lui seraient voués à une éternelle aridité. Il y a cent cinquante-cinq lieues de Syène au Caire, capitale actuelle de l'Égypte. Au-dessous du Caire le fleuve se divise en deux branches, qui vont tomber à soixante lieues l'une de l'autre dans la Méditerranée, la première à Rosette et la seconde à Damiette. Autrefois le Nil avait sept embouchures, dont on aperçoit encore les traces; mais il n'y en a plus que deux qui méritent ce nom et qui soient navigables. L'espèce de triangle formé par ces deux principales branches et par la mer constitue ce qu'on appelle le Delta, parce qu'il a la forme de cette lettre grecque Δ. Ce triangle, qui a soixante lieues à sa base et cinquante sur chacun de ses côtés, est la partie la plus féconde de l'Égypte, parce qu'elle est la mieux arrosée, la mieux coupée de canaux.

Ainsi le Nil et ses rives constituent toute l'Égypte. C'est une vallée longue de deux cents lieues, et, à part le Delta, large de cinq à six seulement. Le désert, vaste océan de sables, la borde à droite et à gauche. Quelques chaînes de collines, basses et déchirées, interrompent à peine de loin en loin l'immensité monotone de ces sables, presque complétement dépourvus d'eau et de végétation.

La vallée du Nil, c'est-à-dire la partie cultivable de l'Égypte, offre peut-être le terrain le plus fertile du monde. La surface de cette vallée équivaut à peu près au sixième du territoire français. A ce compte, l'Égypte semblerait ne pouvoir, dans l'état même le plus prospère, nourrir que cinq à six millions d'habitants. Cependant, s'il faut ajouter foi aux historiens romains et arabes, l'Égypte, lorsqu'elle fut soumise par Octave, et plus tard encore quand elle fut conquise par Amrou, nourrissait vingt millions d'âmes et renfermait plus de vingt mille cités. Une telle assertion ne doit point être rangée au nombre de ces fables qu'une critique judicieuse désavoue. En effet, une bonne adnistration, secondée par un grand nombre de bras, pouvait étendre de beaucoup les bienfaits du débordement du Nil, et l'on est fondé d'ailleurs à penser que les eaux du fleuve, habilement conduites, allaient féconder plusieurs contrées aujourd'hui désertes. Ajoutons à ces avantages ceux qu'elle tirait de son commerce avec l'Asie, les Indes, l'Afrique et l'Europe, avantages qu'elle devait à sa situation, et qu'elle n'a perdus en partie qu'après la découverte du cap de Bonne-Espérance.

Quoi qu'il en soit du degré plus ou moins grand de prospérité auquel l'Égypte ait jadis atteint, elle n'a évidemment, une fois aux mains des Arabes, cessé de décroître, et sa décadence sous l'empire des Turcs a été plus rapide encore. En 1798, lors de notre expédition, l'Égypte comptait au plus deux à trois millions d'habitants.

Cette population chétive était, comme les ruines des cités qui couvrent l'Égypte, un amas de débris de plusieurs peuples. Elle présentait principalement un mélange de trois races : c'étaient des Cophtes, regardés comme les anciens indigènes, mêlés à des Arabes conquérants sur les Cophtes, et à des Turcs conquérants sur les Arabes.

La race des Cophtes s'anéantissait chaque jour. Au nombre de deux cent mille à peine lors de l'arrivée des Français, ils étaient pauvres, abrutis, et se vouaient volontairement aux métiers les plus ignobles.

Les Arabes formaient la masse de la population. Ils descendaient tous des compagnons de Mahomet; mais leur condition était infiniment variée. Quelques-uns faisaient remonter leur origine à Mahomet lui-même, possédaient de grandes propriétés, ne manquaient pas d'une certaine instruction, et exerçaient à ces divers titres les fonctions du culte et de la magistrature. Nobles par leur naissance, docteurs de la loi, chefs de la religion, ils étaient, à proprement parler, sous le nom de *cheiks* (anciens), les grands de l'Égypte. Après eux venaient de moindres propriétaires, qui formaient la seconde et la plus nombreuse classe des Arabes; puis les prolétaires, appelés *fellahs,* paysans à gages, cultivant le sol, dont ils ne possèdent pas une parcelle, et vivant dans la misère la plus abjecte. Il y avait encore une quatrième classe d'Arabes, celle des Arabes nomades ou Bédouins. Ces fils du désert dédaignent la culture et la possession du sol. Toujours en selle, ils errent sans cesse, chassant devant eux de nombreux bestiaux, chevaux, chameaux, brebis, et cherchant des pâturages d'oasis en oasis. De temps en temps ils se rapprochaient de l'Égypte, afin d'y vendre le produit de leurs troupeaux, et d'acheter ensuite les objets qui leur étaient indispensables. Ils faisaient aussi métier d'escorter les caravanes et de louer leurs chameaux pour les transports dans le désert; mais, brigands sans foi, ils pillaient souvent les marchands qu'ils escortaient ou auxquels ils avaient prêté leurs bêtes de somme. Quelquefois même, se fiant à la négligence turque et sûrs de l'impunité, ils fondaient sur la vallée du Nil, pillaient les villages, et, remontant sur leurs rapides coursiers, emportaient leur butin au fond de leurs solitudes de sables. Ces Arabes vagabonds formaient des tribus disséminées sur les deux rives du fleuve; ils étaient au nombre de cent à cent vingt mille, et pouvaient fournir dix-huit à vingt mille cavaliers, braves, mais bons pour harceler l'ennemi plutôt que pour le combattre.

La troisième des races qui habitaient l'Égypte, la race des Turcs, était aussi peu nombreuse que celle des Cophtes. Elle ne comptait comme celle-ci qu'environ deux cent mille individus, et se partageait d'ailleurs en Turcs proprement dits et en mameluks. Les Turcs venus lors de la dernière conquête du pays par le sultan Sélim Ier (en 1517) étaient presque tous inscrits sur la liste des janissaires; on sait que les Turcs se faisaient presque tous inscrire sur cette liste à cause des priviléges accordés au titre, mais peu d'entre eux étaient réellement au service. Le pacha par lequel les successeurs de Sélim se faisaient représenter en Égypte n'avait donc autour de lui, pour appuyer au besoin son autorité, qu'un nombre très-minime et tout à fait insignifiant de janissaires propres au service militaire. L'autorité de ce pacha avait au surplus été bientôt annulée par suite des précautions que Sélim avait prises autrefois pour la contenir dans de justes limites. Sélim redoutait beaucoup l'Égypte. Il jugeait, et avec raison, qu'un pacha ambitieux et habile pourrait tôt ou tard mettre à profit l'éloignement de l'Égypte pour s'y créer un empire indépendant, relever la nation arabe, et porter un coup fatal à l'empire turc, déjà menacé par cette population grecque qui formait la majorité de Constantinople et des environs (1). Aussi Sélim n'avait-il pas voulu confier le gouvernement de l'Égypte à un seul pacha. Il n'avait pas même trouvé que la division du pays en plusieurs pachaliks fût une garantie suffisante; mais, pour s'assurer la soumission de cette province, il avait, tout en y envoyant un pacha, imaginé une sorte de contre-poids à la puissance de ce fonctionnaire en instituant la milice des mameluks, ou plutôt en donnant à cette milice une organisation telle, qu'elle balançait l'autorité du pacha et devait la contenir dans de certaines limites.

Or c'étaient les mameluks qui, au lieu du pacha, avaient secoué le joug de la métropole, et qui régnaient en despotes sur l'Égypte. Ces mameluks, achetés comme esclaves en Circassie, transportés en bas âge sur les bords du Nil, et de bonne heure rompus à l'équitation, de bonne heure exercés au maniement des armes, devenaient les plus braves et les plus habiles cavaliers de la terre. Ils obéissaient à vingt-quatre beys, qui étaient leurs propriétaires et leurs chefs, et qui en possédaient chacun cinq à six cents. Chaque bey

---

(1) Ces craintes de Sélim ont été justifiées de nos jours par Méhémet-Ali.

recrutait sa bande soit de ses propres enfants mâles, soit de jeunes Circassiens, et avant de mourir il la léguait quelquefois à un de ses fils, quelquefois à un mameluk favori, qui devenait bey à son tour. Chaque mameluk avait deux fellahs pour le servir : la milice entière se composait donc de onze à douze mille cavaliers, servis par vingt-deux à vingt-quatre mille de ces ilotes.

Véritables maîtres, ou plutôt tyrans des pays, les mameluks vivaient ou des produits des terres appartenant à leurs bey, ou du revenu des impôts qu'ils avaient établis sous toutes les formes. Les Cophtes étaient leurs percepteurs, leurs espions, leurs agents d'affaires. Tout à fait indépendants du pacha que le sultan envoyait de Constantinople, ils ne le toléraient au Caire qu'à condition qu'il restât dans une nullité presque absolue, et souvent refusaient de lui payer la *miri*, impôt foncier qui, en vertu du droit de conquête, appartenait à la Porte.

Les vingt-quatre beys, qui auraient dû être égaux, ne l'étaient pas en réalité. Ils se faisaient la guerre entre eux, et le plus fort, soumettant les autres, exerçait viagèrement la souveraineté. Lors de l'expédition française, deux beys, supérieurs à leurs collègues, dominaient l'Égypte. C'étaient Ibrahim et Mourad, noms qui reviendront plus d'une fois dans la suite de ce récit. L'un avait la richesse, l'astuce, la puissance; l'autre, l'ardeur, l'intrépidité, la bravoure : rivaux d'ambition et également avides du pouvoir suprême, il y avait entre eux une alternative continuelle de mésintelligence et de raccommodement, dont les frais étaient toujours payés par les populations, au moyen d'avanies nouvelles lancées sur le Caire ou sur les provinces;

car, vainqueurs ou vaincus, maîtres du Caire ou fugitifs dans le Saïd, la seule chose sur laquelle Mourad-Bey et Ibrahim-Bey se montrèrent invariablement d'accord, ce fut le système de déprédations et de rapines dont ils écrasèrent à l'envi la malheureuse Égypte.

Leur cupidité insatiable, après avoir épuisé les ressources des populations égyptiennes, s'attacha au commerce étranger, et surtout aux négociants français établis soit au Caire, soit à Rosette, soit à Alexandrie, dont les maisons semblaient avoir le privilége des plus dures persécutions et des spoliations les plus tyranniques : les maisons Varsy, de Rosette ; Neydorf, Caffe, Henricy, Baudeuf et Prix-Réal, du Caire, eurent à supporter les actes vexatoires les plus intolérables. Dès 1786, sur les plaintes de la cour de Versailles, le sultan Sélim III avait envoyé le capitan-pacha Hassan pour réprimer l'insolence des beys; mais son intervention avait été inutile; les vexations ne firent que redoubler, et les choses allèrent au point qu'en 1795 des pétitions collectives furent adressées au Directoire par l'intermédiaire du consul Magallon. La Porte, pressée de nouveau de redresser ces griefs, répondit qu'elle ne pouvait rien, que les beys étaient *gens avides, irréligieux et rebelles*, et laissa entrevoir qu'elle tolèrerait une expédition qui aurait pour but de les châtier. Dès lors le gouvernement français jugea qu'il pourrait, quand il le trouverait convenable, tenter cette expédition sans rompre la paix avec la Turquie, la plus ancienne alliée de la France. Il a fallu des griefs moins sérieux pour motiver la conquête d'Alger en 1830.

Cependant Mourad-Bey n'avait répondu aux plaintes des consuls européens que par des avanies nouvelles,

à leurs menaces que par des confiscations ; il venait même de mettre le comble à ce système spoliateur, et une ordonnance d'emprunt forcé allait ruiner complétement toutes les maisons européennes qui exerçaient le commerce au Caire, quand tout à coup Mourad reçut une nouvelle étrange, imprévue, presque incroyable : c'était l'annonce de l'arrivée d'une armée française à Alexandrie. Voici la teneur du message que lui adressait le gouverneur d'Alexandrie : « Une flotte
« est apparue; ses vaisseaux sont innombrables comme
« des essaims de sauterelles ; on ne saurait en aper-
« cevoir ni le premier ni le dernier. Au nom de Dieu
« et de son prophète, envoie des troupes à notre
« secours. »

Mais, quelque diligence qu'eût faite Mourad, il serait arrivé trop tard pour secourir Alexandrie ; car elle était déjà au pouvoir des Français quand la nouvelle de leur apparition sur la côte lui parvint. En effet, nous avons vu que le jour même (1er juillet) où la flotte arriva devant cette ville, Bonaparte avait ordonné le débarquement de l'armée pour le soir même. En même temps il fit distribuer à toute la flotte une proclamation, pour faire connaître officiellement le but de l'expédition. On y remarquait les passages suivants :
« Soldats, vous allez entreprendre une conquête dont
« les effets sur la civilisation et le commerce du monde
« sont incalculables ; vous porterez à l'Angleterre le
« coup le plus sûr et le plus sensible, en attendant
« que vous puissiez lui donner le coup de la mort.

« Nous ferons quelques marches fatigantes, nous
« livrerons plusieurs combats, nous réussirons dans
« toutes nos entreprises : les destins sont pour nous...
« Dans quelques jours, les mameluks qui ont outragé

« la France n'existeront plus... Les peuples au milieu
« desquels vous allez vivre tiennent pour premier ar-
« ticle de foi qu'*il n'y a pas d'autre dieu que Dieu, et
« que Mahomet est son prophète!* Ne les contredisez
« pas... Les légions romaines protégeaient toutes les
« religions. Vous trouverez ici des usages différents
« de ceux de l'Europe ; il faut vous y accoutumer...
« Le pillage déshonore les armées, et ne profite qu'à
« un petit nombre... La ville où nous allons entrer
« a été bâtie par Alexandre. Nous trouverons à chaque
« pas de grands souvenirs, dignes d'exciter l'émulation
« des Français. »

D'après les renseignements qu'on avait recueillis, on ne pouvait entrer dans le port d'Alexandrie, défendu par une bonne artillerie. Bonaparte fit gouverner vers l'anse du Marabout, à une lieue et demie de la place, et l'opération du débarquement commença aussitôt ; mais elle fut contrariée par un vent violent qui s'éleva du large et qui rendit la mer très-houleuse. Malgré ces difficultés, le général Menou, avec sa division, débarqua le premier, à neuf heures du soir. Le général en chef mit pied à terre à une heure après minuit. Telle était l'agitation des flots, que les embarcations pouvaient à peine avancer, et qu'il semblait à chaque instant qu'elles allaient se briser les unes contre les autres. Celle que je montais avec ma compagnie suivait immédiatement celle où se trouvait Bonaparte, et ce ne fut pourtant que plus d'une heure après lui que nous pûmes toucher terre. A peine étions-nous débarqués, que Napoléon fit battre un ralliement, et qu'il passa la revue de ceux qui avaient pu aborder. Nous étions quatre à cinq mille de tous les régiments. Il nous divisa en trois colonnes, celle de droite, dont je faisais partie, commandée par le général Bon, celle de gauche par Menou, et le centre par Kléber. Desaix et Reynier furent laissés sur le bord de la mer pour protéger le débarquement et organiser les troupes à mesure qu'elles toucheraient terre. Nous nous mîmes aussitôt en route en marchant dans les sables le long de la mer. Tout le monde était à pied, le général en chef lui-même; car on n'avait pu débarquer de chevaux. La lune brillait de tout son éclat, et nous permettait de voir comme en plein jour le sol blanchâtre de l'aride Afrique. Au point du jour, le gouverneur d'Alexandrie, Seïd-Mohammed-Coraïm, suivi de vingt mameluks, chargea les tirailleurs de l'avant-garde, coupa la tête à l'officier qui les commandait, et disparut, emportant ce trophée sanglant, qu'il promena dans les rues d'Alexandrie pour exalter la population.

Quelques instants après, de nombreux partis arabes se montrèrent sur notre droite. C'était pour nous un étrange spectacle que la vue de ces hommes presque nus, noirs et maigres, montés sur des chevaux efflanqués, qui semblaient à peine avoir la force de porter leurs cavaliers. Nos soldats ne pouvaient s'empêcher de sourire à la vue de cette troupe bizarre, qu'ils comparaient à autant de don Quichottes montés sur de vraies rossinantes; mais ces rossinantes se mouvaient avec la rapidité de l'éclair; lancées au galop, elles s'arrêtaient court, et reprenaient rapidement leur course dans une autre direction. Quelques traînards, quelques soldats isolés furent massacrés ou pris par ces Bédouins, qui ne cessèrent de suivre nos colonnes, mais en se tenant toujours à distance. Enfin, vers six heures, nous arrivâmes sous les murs de la place, après avoir passé au pied de la colonne de Pompée (1).

Nous voilà donc, trois à quatre mille au plus, prêts à donner l'assaut à cette antique cité, fille d'Alexandre, qui sous les Ptolémées s'était accrue au point d'exciter la jalousie de Rome, et qui était alors, sans contredit, la seconde ville du monde; qui, au viie siècle, comptait encore près de deux cent mille habitants, et renfermait, dit-on, dans une enceinte d'environ quatre lieues de tour, quatre cents théâtres, quatre mille palais, quatre mille bains, douze mille boutiques. Mais aujourd'hui quelle décadence! L'ancienne enceinte avait été détruite par les soldats d'Amrou, celui qui, dit-on, fit brûler la célèbre bibliothèque d'Alexandrie; plus tard les Arabes en ont construit une autre qui subsiste encore, et qui est connue sous le nom de *Muraille des Arabes;* mais cette enceinte, qui n'offrait plus qu'un circuit de six mille mètres, renfermait encore une ville qui s'éleva à une assez grande prospérité. Elle a été détruite comme la première : au milieu de ces ruines s'est élevée la ville moderne, qui n'occupe qu'une faible partie de l'emplacement de la cité arabe. Ainsi, dès les premiers pas que nous faisions sur cette terre, l'Égypte ne se manifestait à nous que par des ruines entassées sur des ruines.

Nos trois divisions eurent bientôt formé une sorte d'investissement de la place. Avant de commencer l'attaque, Bonaparte voulut essayer la voie des négociations; mais ses parlementaires ne furent point accueillis.

---

(1) Cette colonne est placée sur une colline au sud de l'enceinte actuelle. Sa hauteur totale est de trente-deux mètres. Le fût est élégant et d'un bon style, tandis que le chapiteau et le piédestal semblent être d'une architecture plus récente. Cette colonne, qui porte improprement le nom de Pompée, fut élevée en l'honneur de Dioclétien à l'occasion de la prise d'Alexandrie, en 296 de l'ère chrétienne.

Alors la charge sonne, et les trois colonnes s'élancent simultanément à l'assaut. Après une résistance insignifiante, les trois attaques réussirent; la muraille fut franchie. Les généraux Kléber et Menou furent blessés, comme ils montaient à l'assaut à la tête de leurs grenadiers. Notre division, commandée par le général Bon, éprouva moins d'obstacles, et, quoique la plus éloignée, elle arriva la première sur la seconde enceinte, qui fut enlevée au pas de charge. Nos tirailleurs pénétrèrent dans les rues, malgré une vive fusillade qui partait des maisons crénelées. Le général en chef envoya alors un capitaine de navire turc qui l'avait joint faire des propositions d'accommodement. Cet officier fit comprendre aux cheiks, aux ulémas et aux notables, le danger que courait la ville d'une entière destruction : ils se soumirent.

Bonaparte entra au milieu d'eux dans la ville et descendit à la maison du consul de France. Au moment où il tournait une rue, une balle partie d'une fenêtre rasa la botte de sa jambe gauche. Les chasseurs de sa garde montèrent sur le toit, entrèrent dans la maison, et trouvèrent un Turc seul, barricadé dans sa chambre, ayant autour de lui six fusils : il fut tué sur place. Le gouverneur Mohammed-el-Coraïm se retira dans le Phare (1) avec les plus braves de sa maison; mais dans la nuit il se décida à capituler. Bonaparte l'accueillit avec beaucoup de douceur; il lui demanda s'il voulait

---

(1) Le phare d'Alexandrie, que l'on a longtemps compté au nombre des sept merveilles du monde, fut construit par Ptolémée Philadelphe sur un rocher à l'extrémité nord-est de l'île de Pharos, qui fut plus tard jointe au continent par un môle. C'était une tour carrée en marbre blanc, qui servait de guide aux navires égarés. La tour du Phare, dont le nom fut par suite appliqué à toutes les vigies du même genre, avait, dit-on, coûté huit cents ta'ents (près de quatre millions de francs).

servir les Français dans l'entreprise qu'ils avaient formée de rétablir l'autorité du Grand Seigneur, avilie et usurpée par les beys mameluks, l'assurant que ce n'était que pour chasser ces derniers qu'il allait marcher sur le Caire.

Coraïm promit d'aider les Français de tout son pouvoir, et prêta en conséquence entre les mains du général en chef, et devant toute l'armée, le serment qu'on exigea de lui comme gage de sa fidélité. Il fut continué dans l'exercice de ses fonctions à Alexandrie, sous les ordres du général Kléber, resté, à cause de sa blessure, commandant de cette place. Coraïm se montra d'abord tout dévoué à la cause qu'il venait d'embrasser; il rétablit l'ordre, fit opérer le désarmement des habitants, et procura à l'armée tout ce qui lui était nécessaire. Il fallait à l'armée des chevaux pour remonter sa cavalerie, des chameaux pour porter ses bagages et ses vivres : on ne pouvait se procurer ces objets qu'auprès des Arabes de Baheireh, les mêmes qui avaient harcelé nos colonnes dans la matinée du débarquement. Il était aussi important de se les concilier, afin de maintenir libres les communications et les derrières de l'armée. Coraïm se chargea de ces négociations; il leur envoya un exprès, et dès le 4 trente cheiks de diverses tribus accoururent à Alexandrie et se présentèrent au quartier général. Ils signèrent un traité par lequel ils s'engagèrent à maintenir libre la route d'Alexandrie à Damanhour même pour les hommes isolés; à livrer dans les quarante-huit heures, moyennant un prix convenu et qui serait payé comptant, trois cents chevaux et cinq cents dromadaire; à louer mille chameaux avec leurs conducteurs. Malheureusement ils ne tinrent qu'une partie de ces engagements.

Pendant ce temps-là, c'est-à-dire dans les journées du 2, du 3, du 4, le reste de l'armée avait effectué son débarquement, le convoi était entré dans le port vieux; l'artillerie, le génie, l'administration avaient choisi leurs magasins et leurs emplacements, et l'on avait travaillé sans relâche à débarquer les chevaux, les bagages et le matériel.

Aussitôt que l'armée fut réunie, Bonaparte, qui savait si bien appeler à son aide tous les prestiges de la gloire, ordonna, pour honorer la mémoire de ceux qui avaient succombé à l'assaut d'Alexandrie, que leurs dépouilles mortelles seraient ensevelies au pied de la colonne de Pompée, et leurs noms gravés sur son fût : on m'a assuré qu'on pouvait les y lire encore. La cérémonie qui eut lieu à cette occasion, loin de porter le découragement dans le cœur de nos soldats, parut, au contraire, accroître leur enthousiasme, exciter leur soif de renommée. Ce fut aux cris de *vive Bonaparte!* que les soldats français rendirent les derniers devoirs à leurs camarades; et cette scène ne causa pas un médiocre étonnement aux habitants d'Alexandrie accourus pour en être spectateurs.

Pendant les jours qui suivirent, Bonaparte s'occupa sans relâche d'organiser l'administration de la ville d'Alexandrie et de jeter les bases de l'autorité française en Égypte. Il institua un divan, espèce de conseil municipal, où il appela les cheiks les plus vénérés et les habitants les plus notables de la ville, et il promit de le consulter sur toutes les mesures que l'autorité française jugerait convenable de prendre. Dès le lendemain de son entrée à Alexandrie, il fit afficher dans toute la ville une proclamation en français, en arabe et en turc, dont voici les principaux passages :

« Peuples d'Égypte,

« Depuis trop longtemps les beys, qui vous gouver-
« nent en vous opprimant, insultent à la nation fran-
« çaise et couvrent ses négociants d'avanies. L'heure
« de leur châtiment est arrivée !

« Depuis trop longtemps ce ramassis d'esclaves ache-
« tés dans le Caucase et la Géorgie tyrannise la plus
« belle partie du monde; mais Dieu, de qui tout dé-
« pend, a ordonné que leur empire finît.

« Peuples de l'Égypte, on vous dira que je viens
« pour détruire votre religion, ne le croyez pas; ré-
« pondez que je viens vous restituer vos droits, punir
« les usurpateurs, et que je respecte plus que les ma-
« meluks Dieu, son prophète et le Coran.

« Dites-leur que tous les hommes sont égaux devant
« Dieu : la sagesse, les talents et les vertus mettent
« seuls de la différence entre eux.

« Or quelle sagesse, quels talents, quelles vertus
« distinguent les mameluks pour qu'ils aient exclusi-
« vement ce qui rend la vie aimable et douce?

« Y a-t-il une belle terre? elle appartient aux ma-
« meluks. Y a-t-il une belle esclave, un beau cheval,
« une belle maison? tout cela appartient aux mameluks.

« Si l'Égypte est leur ferme, qu'ils montrent le bail
« que Dieu leur en a fait. Mais Dieu est juste et misé-
« ricordieux pour le peuple : tous les Égyptiens sont
« appelés à gérer toutes les places. Que les plus sages,
« les plus instruits, les plus vertueux, gouvernent, et
« le peuple sera heureux.

« Il y avait parmi vous de grandes villes, de grands
« canaux, un grand commerce : qui a tout détruit, si
« ce n'est l'avarice, les injustices et la tyrannie des
« mameluks? . . . .

« . . . N'est-ce pas nous qui avons été dans tous
« les temps les amis du Grand Seigneur (que Dieu
« accomplisse ses desseins!) et l'ennemi de ses enne-
« mis? Les mameluks, au contraire, ne se sont-ils pas
« toujours révoltés contre l'autorité du Grand Seigneur,
« qu'ils méconnaissent encore? Ils ne suivent que leurs
« caprices.

« Trois fois heureux ceux qui seront avec nous! Ils
« prospèreront dans leur fortune et leur rang. Heureux
« ceux qui seront neutres! ils auront le temps de nous
« connaître, et ils se rangeront avec nous.

« Mais malheur, trois fois malheur à ceux qui s'ar-
« meront pour les mameluks et combattront contre
« nous! il n'y aura pas d'espérance pour eux; ils pé-
« riront. »

Cette proclamation fut répandue à profusion dans les tribus arabes et dans toute la basse Égypte. Elle parvint même dans toutes les parties de l'empire ottoman, au moyen des esclaves turcs délivrés à Malte, et qui, mis en liberté en Égypte, furent envoyés chacun dans leur pays. Il y en avait de Tripoli, d'Alger, de Maroc, de Damas, de la Syrie, de Smyrne, de Constantinople même. On leur distribua des sommes d'argent suffisantes pour faire leur route, et plusieurs exemplaires de la proclamation qu'ils devaient répandre sur leur passage.

Au milieu de ces travaux, Bonaparte se préparait à marcher sur le Caire. Deux routes se présentaient : l'une, longeant la mer, puis le Nil, et parcourant des campagnes habitées, était assez facile, mais longue; l'autre était beaucoup plus courte, car elle se dirigeait à vol d'oiseau, mais il fallait traverser le désert de Damanhour. C'est par cette dernière que Bonaparte résolut de faire marcher l'armée, tandis qu'une nombreuse flottille, composée des bâtiments les plus légers du convoi, et chargée de vivres, d'artillerie, de munitions, de bagages, pénètrerait dans le Nil vers Rosette, et remonterait ensuite le fleuve parallèlement avec l'armée, qu'elle devait rejoindre à Ramanieh. Pour exécuter ce plan, il fallait être maître de Rosette et de l'embouchure du Nil qui en est voisine. Le contre-amiral Perrée, chargé du commandement de la flottille, la dirigea sur Rosette, tandis que le général Dugua s'y rendait par terre en suivant les bords de la mer. Voici ce qui se passait en ce moment dans cette ville.

La terreur répandue sur tous les points de l'Égypte à la nouvelle de l'arrivée des Français à Alexandrie s'était fait sentir à Rosette plus qu'ailleurs, à cause de la proximité de cette ville. Ses habitants, doux, humains, peu familiarisés avec l'idée de la guerre, s'attendaient à être pillés, massacrés, ou au moins emmenés esclaves à Malte. Ils étaient entretenus dans ces idées par des marchands candiotes qui se trouvaient en ce moment à Rosette, où ils avaient été attirés par le gouverneur, leur compatriote.

Il arrivait à tout instant au port de Rosette des *djermes* (on nomme ainsi les bateaux qui naviguent sur le Nil) remplies de fuyards venant d'Alexandrie. Ils communiquaient leur terreur et couraient sur l'autre rive du Nil se cacher dans l'intérieur du Delta; ils entraînaient les plus timides de Rosette, dont la fuite laissait les traces de la plus grande désolation. Les mosquées se remplissaient de gens qui invoquaient la protection de Mahomet. Les femmes poussaient des cris affreux, emportaient leurs enfants, et couraient se réfugier dans les campagnes.

Il existait depuis environ quarante ans dans Rosette une maison de commerce dirigée par le sieur Varsy, négociant de Marseille. Le père, mort depuis quelques années, avait laissé cet établissement entre les mains de sa femme et de son fils aîné : un second fils et quatre jeunes demoiselles composaient le reste de cette famille, intéressante et recommandable par sa probité, ses mœurs et toutes les qualités sociales qui lui avaient acquis l'estime et l'amitié des habitants de Rosette.

Les Candiotes dont il a été parlé plus haut, profitant des dispositions dans lesquelles la frayeur avait mis le peuple, l'excitèrent à incendier la maison Varsy : cette idée fut repoussée avec horreur par les généreux habitants. Les Candiotes, pour les animer, prirent les armes et coururent les rues, insultant tout ce qu'ils rencontraient d'Européens.

Quelques jours auparavant était arrivé de Smyrne un jeune Parisien, nommé Dalvimart. Il s'était tenu enfermé dès qu'il avait appris l'arrivée des Français; mais son domestique fut rencontré par ces Candiotes, qui l'insultèrent et lui demandèrent s'il n'était pas un espion des Français. Il répondit qu'il n'était point venu avec l'armée, qu'il n'était pas espion, mais bien Français, et qu'il s'en glorifierait toujours : sur cette réponse il fut aussitôt massacré.

Ce meurtre exalta les têtes, et l'on ne pensa plus qu'à se défaire du maître. Le kachef le manda devant lui, et l'interrogea en présence du peuple assemblé. Les Candiotes criaient qu'il fallait le tuer, puisqu'il était Français; mais au moment où l'on procédait à cet interrogatoire arriva un envoyé d'Alexandrie porteur de la proclamation du général en chef aux habitants de l'Égypte : il en donna plusieurs exemplaires au kachef;

ce kachef était un mameluk nommé Sélim, qui heureusement ne savait pas lire. Il remit ces papiers au muphti, qui lut à haute voix la proclamation devant tout le peuple. En connaissant les intentions des Français, qui ne voulaient faire la guerre qu'aux mameluks et promettaient paix et protection au peuple, les habitants de Rosette furent remplis de confiance. Ils prirent M. Dalvimart et la maison Varsy sous leur protection, et résolurent d'envoyer une députation à l'armée française pour lui remettre la ville ; mais comme ils ne savaient pas encore si l'on viendrait par terre ou par mer, ils déposèrent leur drapeau chez M. Varsy, et le prièrent de porter des paroles de paix à ses compatriotes.

Le mameluk Sélim-Kachef, voyant ces dispositions, revêtit aussitôt ses armes, emporta ce qu'il avait de plus précieux, et remonta le Nil pour rejoindre l'armée des mameluks. Il les rencontra à Ramanieh, et fut tué dans la première rencontre avec les Français.

Cependant le général Dugua avançait sur Rosette à la tête de sa division, ainsi que je l'ai dit plus haut. Dès qu'on eut connaissance de sa marche, M. Varsy aîné, à la tête d'une nombreuse population, alla au-devant de lui et lui remit les clefs de la ville. Il se porta pour otage, ainsi que le muphti, le serdar-aga et le chaouieh, tous officiers civils et religieux : les Français entrèrent dans la ville, et s'en rendirent maîtres sans coup férir.

Le général Dugua, après avoir rapidement pourvu à l'administration provisoire de la ville, y laissa deux cents hommes de garnison, sous les ordres du sieur Faust, commandant de place, et remonta la rive gauche du Nil avec sa division, tandis que le contre-amiral Perrée remontait le fleuve lui-même avec sa flottille. Le général Menou, dont les blessures exigeaient du repos, fut envoyé à Rosette en qualité de gouverneur de la province.

Bonaparte, avant son départ, s'occupa encore de pourvoir à la sûreté de l'escadre. Le port d'Alexandrie serait assez vaste pour contenir toutes les marines du monde ; mais il est peu profond. Les bâtiments du convoi, les frégates et même les vaisseaux de soixante-quatre y étaient entrés sans peine ; mais les pilotes du pays prétendaient ne pouvoir y introduire des vaisseaux de soixante-quatorze, et à plus forte raison de quatre-vingts et de cent vingt. Bonaparte prescrivit à l'amiral Brueys de faire promptement sonder les passes afin de s'assurer de la réalité de l'assertion des pilotes, d'aller en attendant mouiller dans la rade d'Aboukir, à neuf lieues d'Alexandrie ; puis, si l'impossibilité d'entrer dans le port était reconnue, de gagner Corfou, ou même de retourner à Toulon chercher des renforts qui y étaient rassemblés.

Malheureusement Bonaparte ne put veiller lui-même à l'exécution de ces ordres, qui, s'ils eussent été suivis avec la célérité et l'intelligence nécessaires, auraient probablement empêché le désastre qu'on eut bientôt à déplorer.

Tous ces points étant réglés, Bonaparte se mit en route pour le Caire.

CHAPITRE III

Départ d'Alexandrie. — Route d'Alexandrie à Damanhour. — Le désert. — Souffrances de l'armée. — Attaque des Bédouins. — Arrivée à Birket. — Nouvelles souffrances. — Soif excessive. — Le mirage. — Son effet. — Arrivée à Damanhour. — Départ de l'état-major. — Marche de nuit. — Fausse alerte des guides. — Séjour à Damanhour. — Assassinat de l'adjudant-général Muireur et de l'adjudant Delanau par des Arabes. — Tristesse et abattement de l'armée. — Arrivée à Ramanieh. — Joie de l'armée à la vue du Nil. — Officiers et soldats se précipitent dans l'eau. — Séjour à Ramanieh. — Arrivée de la division Dugua et de la flottille de l'amiral Perrée. — Départ de Ramanieh. — Gaieté revenue dans l'armée. — Combat de la flottille française contre la flotille turque et les mameluks. — Arrivée de l'armée à Chébréiss. — Apparition des mameluks. — Leur mépris pour l'infanterie française. — Disposition des deux armées. — Escarmouches avant l'action. — Manière de combattre des mameluks. — Leur courage individuel. — Leur ignorance des mouvements d'ensemble. — Leur charge contre nos carrés. — Leur déroute et leur fuite. — Prise du camp de Chébréiss. — Continuation de la marche sur le Caire. — Lenteur et fatigue de cette marche. — Nouveaux murmures de l'armée. — Ma corvée nocturne entre Térané et Ouardan. — Mutinerie des soldats d'une escorte. — Malédiction contre les *savants*. — Les soldats veulent retourner au camp. — Les officiers sont obligés de céder. — Conseil à ce sujet. — Fausse alerte. — Retour au camp. — Incident qui met fin à la mutinerie des soldats. — Silence gardé sur ce fait. — Séjour à Ouardan. — Arrivée à Omédinar. — Départ d'Omédinar. — Arrivée en vue du Caire et des Pyramides. — Sentiments qu'éprouve l'armée. — Paroles de Bonaparte telles qu'il les a prononcées. — Bataille des Pyramides. — Disposition de l'armée des mameluks. — Ordre de bataille de l'armée française. — Défaite et fuite des mameluks. — Incendie de la flottille. — Prise du camp d'Embabeh. — Tableau de ce camp dans la soirée de la bataille. — Le quartier général s'établit à Giseh.

Dès le 4 juillet l'avant-garde, commandée par Desaix, s'était mise en marche pour Damanhour. Reynier l'avait suivie le 5, Bon le 6, et Vial le 7, à la pointe du jour. Le même jour, à cinq heures de l'après-midi, la réserve, dont je faisais partie, se mit en route avec le général en chef et son état-major.

Il y a quinze lieues d'Alexandrie à Damanhour, mais quinze lieues dans un désert sans bornes, avec un soleil brûlant sur la tête, un sable brûlant sous les pieds, et pas une goutte d'eau pour étancher la soif qui vous dévore, pas d'ombre pour vous mettre un instant à l'abri. Aussi l'armée eut cruellement à souffrir pendant cette marche. En vain on avait compté sur le traité fait avec les Arabes pour avoir des moyens de transporter de l'eau et des vivres. Au moment du départ, ces Arabes reçurent un fetfa des ulémas et des cheiks du Caire qui leur ordonnait de courir aux armes pour la défense de la religion du prophète, menacée par les infidèles. Ils déclarèrent aussitôt à Coraïm qu'ils regardaient le traité comme nul, et ils commencèrent en même temps les hostilités en harcelant sans cesse nos colonnes en marche dans le désert. Bientôt ils se montrèrent sur les flancs, sur les derrières et à la vue de l'armée. Ils se cachaient avec la plus grande habileté derrière les moindres plis de terrain, d'où ils s'élançaient comme l'éclair sur tous les soldats qui s'écartaient des rangs. La cavalerie de l'armée était peu nombreuse, les chevaux harassés de fatigue, et d'une qualité d'ailleurs fort inférieure au cheval arabe. Les colonnes françaises, enveloppées par les Bédouins, semblaient des escadres suivies par des requins; ou, comme disait le soldat, c'était la gendarmerie qui faisait la police : police sévère, mais qui concourut à l'ordre, et fit perdre au soldat l'habitude de traîner et de quitter les rangs.

L'eau qu'on avait pu apporter d'Alexandrie, et tout le monde n'avait pas pris cette précaution salutaire, se trouva épuisée dès la première étape. Dès la première aussi, et presque dès les premiers pas, la plupart des soldats, sur l'imprévoyance desquels on a si souvent à gémir, harassés de fatigue, accablés de chaleur, se débarrassèrent, à l'effet d'alléger leur sac, du biscuit qu'on leur avait distribué pour quatre jours. Ils espéraient au départ rencontrer, chemin faisant, comme en Europe, des villages où ils pourraient se procurer des aliments plus frais ; mais ils ne tardèrent pas à être cruellement détrompés. Aucun village, aucun hameau, aucune maison ne se présenta pendant la première ni la seconde marche, et l'on trouva tous les puits qui de distance en distance jalonnent la route du désert, comblés par les Arabes. Il fallut les vider avant d'y trouver quelques gouttes d'eau. Cette eau était saumâtre, et si peu abondante d'ailleurs, que chacun en reçut à peine de quoi se mouiller les lèvres. La gorge ardente, l'estomac vide, personne ne put même jouir d'un sommeil réparateur sur le sable où fut établi le bivouac.

Le troisième jour augmenta les souffrances de la veille et de l'avant-veille. Plusieurs hommes succombèrent ce jour-là de soif ou de faim. Vers la fin de la journée on arriva à un village nommé Birket. C'est un ramassis de huttes de terre servant de repaires à des Arabes fellahs. Ces huttes étaient en ce moment des palais pour les soldats, qui espéraient y trouver de l'eau. Ils coururent à la citerne, la seule qui existât ; un homme y descendit, et du fond de ce trou, qui était prêt à devenir un tombeau commun, il fit entendre ce cri désespérant : *Il n'y a pas d'eau !*

A cet instant, tous les visages s'obscurcirent d'une sombre terreur ; chacun crut toucher à son heure dernière. Ce nouvel accident excita encore l'altération du sang, il s'échauffa davantage, et le supplice s'accrut par l'imagination.

Un soldat vit succomber un de ses camarades; inquiet, il regardait autour de lui et épiait le moment où il ne serait vu de personne pour égorger son ami et se désaltérer de son sang. Mais il était observé, et ne put exécuter son horrible dessein. C'est de lui que je tiens quelques-uns de ces détails, ainsi que l'aveu de ce crime d'intention, aveu qu'il me fit avec un mélange de confusion et d'horreur, que lui inspirait encore longtemps après sa coupable pensée.

A tant de souffrances réelles s'en joignait encore une autre, résultat d'une illusion funeste, et qui est l'effet d'un phénomène bien connu sous le nom de *mirage*. Une immense nappe d'eau se présentait à la vue à une certaine distance; elle avait l'aspect et la forme d'un lac, où se réfléchissaient les nuages, les monticules de sable, toutes les inégalités du terrain d'alentour. Trompés par ces visions, les soldats, haletants, pressaient le pas; mais, par un effet bizarre, le lac semblait fuir devant eux et se montrait toujours à la même distance. L'armée éprouva ainsi quatre jours durant un supplice qui, par ses alternatives continuelles d'espoir et de déception, ne saurait être mieux comparé qu'à celui de Tantale (1).

Enfin, dans la quatrième journée de marche, on atteignit Damanhour; mais au lieu de la ville qu'on avait promise aux soldats, au lieu des soulagements

---

(1) Le phénomène du *mirage* ne se fait remarquer que dans certaines localités, par exemple à la surface de la mer, où les marins ont fréquemment l'occasion de l'observer, et dans les plaines sablonneuses et arides des déserts d'Afrique. Quoique très-anciennement observé, ce phénomène ne paraît pas avoir attiré l'attention de nos savants avant notre expédition d'Égypte. Monge, dans un mémoire lu à l'Institut d'Égypte, est le premier qui non-seulement ait donné une relation exacte du *mirage*, mais encore qui en ait établi la théorie sur des bases certaines.

qu'ils devaient y trouver, ils n'y rencontrèrent qu'une réunion de misérables huttes où ils ne purent se procurer ni pain, ni viande. Toutefois on trouva de l'eau, des lentilles, des marmites et autres ustensiles culinaires; on trouva même d'immenses monceaux de blé battu. Quant à des fours, quant à des moulins, il n'y en avait aucun à cette époque dans le pays. Le soldat fut réduit à piler son blé entre deux pierres, à pétrir des galettes de cette espèce de farine et de son, et à les faire cuire sous la cendre. Plusieurs imaginèrent de griller le grain dans une poêle et le firent ensuite bouillir. C'était la meilleure manière de tirer parti du blé; mais ce n'était pas du pain.

J'étais parti, comme je l'ai dit, avec l'état-major et la réserve, le 7 juillet, à cinq heures du soir. Nous marchâmes toute la nuit, et nous eûmes par conséquent moins à souffrir que les colonnes qui nous avaient précédés. Notre route était facilement tracée par les pas des hommes, des chevaux, par les roues des canons, et de temps en temps par les cadavres de nos malheureux soldats, morts de soif et de faim, ou égorgés par les Bédouins. Nous traversâmes les bivouacs de plusieurs divisions. La lune se coucha à trois heures du matin, et le reste de la nuit fut extrêmement obscur. Les guides d'escorte du général en chef arrivèrent jusqu'aux bivouacs de la division Bon, sans s'en apercevoir et sans avoir été aperçus. La sentinelle tira et fit entendre le cri : *Aux armes!* A l'instant la division tout entière fut sur pied, et commença aussitôt un feu de deux rangs qui se prolongea quelque temps. Enfin l'on se reconnut, et cette alerte n'eut heureusement d'autre résultat que de blesser le cheval d'un guide.

A huit heures du matin, après une marche de seize

heures, nous aperçûmes enfin Damanhour, où se trouvait la division Desaix. Bonaparte établit son quartier général dans une prairie artificielle, près d'un bouquet d'acacias, qui nous donnait quelque ombrage. Nous séjournâmes le 9 et le 10. C'est pendant ce séjour que nous perdîmes d'une manière bien tragique l'adjudant général Muireur, officier distingué, et qui était aimé de toute l'armée. Il venait d'acheter un cheval, et voulant l'essayer, il sortit du camp, malgré les observations des avant-postes, qui l'engageaient à ne pas trop s'éloigner. Dédaignant ces sages avis, il lança son cheval au galop; mais il n'avait pas fait cent pas, que des Arabes cachés derrière des monticules de sable l'attaquèrent, le percèrent de coups de lance et le dépouillèrent avant que nos soldats eussent le temps de venir à son secours.

Un autre événement du même genre acheva de jeter la consternation dans l'armée. L'adjudant Delanau fut fait prisonnier à quelques pas de l'armée; il offrit une rançon. Les Arabes s'en disputaient le partage et étaient sur le point d'en venir aux mains, lorsque l'un d'eux, pour terminer le différend, brûla la cervelle au malheureux Français.

Ces événements tragiques, joints aux souffrances inouïes qu'éprouvait l'armée depuis son départ d'Alexandrie, avaient répandu dans tous les rangs une sombre tristesse et un découragement qui s'exhalait en murmures, non-seulement parmi les soldats, mais même parmi les chefs.

Cependant la journée du 11, quoique encore bien pénible, vit cesser les plaintes et les murmures. On était parti de Damanhour avant le jour pour se rendre à Ramanieh, et quoiqu'il y eût cinq grandes lieues de distance, on y arriva à neuf heures du matin. Ce qui avait excité l'ardeur des soldats, c'est qu'ils savaient qu'à Ramanieh ils trouveraient le Nil, et qu'ils pourraient cette fois se désaltérer à leur aise. Aussi, de quelles acclamations joyeuses, de quelles bénédictions ils saluèrent ce fleuve bienfaisant! Toutes les fatigues, toutes les souffrances passées furent oubliées. En un instant, généraux, officiers et soldats accoururent sur ses bords et se jetèrent dans l'eau tout habillés. On s'établit ensuite pour la nuit sous de beaux sycomores, et l'on soupa voluptueusement d'une espèce de melon d'eau qui croît en abondance sur tous les bords du Nil. Ce melon, bien connu dans les pays méridionaux sous le nom de *pastèque,* offre une nourriture aussi agréable que saine et rafraîchissante.

L'armée se reposa quatre jours à Ramanieh, où la division Dugua la rejoignit, ainsi que la flottille de l'amiral Perrée. Elle se remit en route dans la nuit du 13 au 14, sur la nouvelle que Mourad-Bey et quatre mille mameluks l'attendaient à Chébréiss, village situé sur la rive gauche du Nil, à trois à quatre lieues de Ramanieh.

Quelle différence entre cette marche et celle des jours précédents! On savait que désormais on ne quitterait plus les bords du Nil, qu'ainsi l'eau et les pastèques ne manqueraient pas, et que la flottille, qui s'avançait en même temps que nous, nous fournirait des vivres à chaque étape. Aussi la gaieté, la bonne humeur, les saillies vives et piquantes avaient succédé à la sombre tristesse, au découragement, aux murmures de la veille. Ajoutons à cela l'approche de l'ennemi et l'annonce d'une prochaine bataille, qui eussent suffi pour rendre aux soldats tout leur entrain et toute leur énergie. « Ces soldats, écrivait Bonaparte quelques jours plus tard dans une de ses dépêches au Directoire, ces soldats, un peu dégoûtés des fatigues, comme il arrive toujours quand on a assez de gloire, je les retrouvai, dès qu'il le fallut, prêts à chercher l'ennemi et à courir au feu. »

La flottille devait se diriger de manière à pouvoir non-seulement appuyer la gauche de l'armée, mais encore attaquer une flottille ennemie qui se trouvait aussi à Chébréiss, au moment où l'armée attaquerait Mourad et ses mameluks, retranchés dans ce village. Malheureusement le vent, presque nul les jours précédents, souffla ce jour-là avec tant de violence, que les habiles dispositions de Bonaparte ne purent être tout à fait suivies. La flottille dépassa la gauche de l'armée, gagna une lieue sur elle, arriva seule en présence de l'ennemi, et eut à soutenir un combat des plus rudes; car il lui fallut répondre à la fois au feu des mameluks qui partait du rivage, et à celui des djermes ennemies. Le contre-amiral Perrée montra dans cette circonstance un rare courage; il fut puissamment secondé par les cavaliers de l'armée, qui, arrivés sans chevaux en Égypte, étaient transportés par eau, en attendant qu'ils pussent être montés aux dépens des mameluks. Plusieurs membres de la commission scientifique embarqués aussi, entre autres Monge et Berthollet, quoique faisant leurs premières armes, déployèrent une intrépidité et un sang-froid qui excitèrent l'admiration des troupes.

Cependant le bruit du canon apprit bientôt à Bonaparte l'engagement des deux flottilles; il fit doubler le pas à ses cinq divisions, et l'armée ne tarda pas à arriver devant Chébréiss. Aussitôt les mameluks, au nombre de deux mille, abandonnèrent l'attaque des navires pour se porter contre l'armée de terre. Ils regardaient cette armée, toute composée de fantassins, comme une proie facile. *Ce sont*, disaient-ils, *des pastèques à couper;* et il n'était aucun mameluk qui ne se promît pour sa part de trancher au moins une centaine de têtes. Ne se faisant aucune idée de la tactique et des manœuvres de l'infanterie européenne, ils ne considéraient comme guerriers que des hommes exercés à cheval au maniement des armes; ainsi que nos chevaliers du moyen âge, ils ne regardaient les fantassins que comme une *pédaille* tout à fait incapable de résister à l'impétuosité, au courage et aux armes des cavaliers. Ils devaient bientôt être cruellement détrompés.

Dans un instant les Français furent ralliés; il semblait qu'ils n'avaient essuyé aucune fatigue; ils ne voyaient plus que les mameluks et ne demandaient qu'à les combattre. Le général en chef disposa son armée en cinq divisions par échelons, flanquées sur les ailes par deux villages qu'elles occupaient. Chaque division formait un bataillon carré, ayant les bagages au centre, et l'artillerie dans les intervalles des bataillons.

Mourad-Bey, outre ses deux mille mameluks qui formaient sa droite, appuyée au village de Chébréiss, avait environ deux mille Arabes, qui composaient sa gauche et prolongeaient sa ligne du côté du désert. Les deux armées s'observèrent pendant quelque temps. Nos soldats n'avaient pas encore vu d'aussi près ces célèbres mameluks, dont les armes étincelantes, le costume tout resplendissant d'or et de pierreries, les chevaux magnifiquement harnachés, excitaient la surprise et la curiosité. Quelle différence avec nos uniformes usés, couverts de poussière, nos chapeaux déformés et nos lourds fusils de munition ! Les soldats riaient eux-mêmes du contraste, regardant d'ailleurs les mameluks comme une riche proie promise à leur courage.

Pendant les instants qui précédèrent l'engagement général, nous cûmes occasion de juger de la manière de combattre de nos nouveaux ennemis par quelques escarmouches entre un certain nombre de mameluks et nos intrépides tirailleurs. Le mameluk déployait une adresse et un courage qui excitaient notre admiration. Lié en quelque sorte à son cheval, qui paraissait partager toutes ses passions, le sabre pendant au poignet, il tirait sa carabine, son tromblon, ses quatre pistolets, et, après avoir déchargé ainsi six armes à feu, il tournait le peloton des tirailleurs, et passait entre eux et la ligne avec une merveilleuse dextérité. Mais nous reconnûmes bientôt que ces hommes, individuellement d'une bravoure à toute épreuve, n'avaient aucune idée de ces mouvements d'ensemble, de ces charges à fond, où les efforts de chacun, combinés simultanément, forment un effort commun, soutenu et irrésistible. Ainsi, après ces petites escarmouches de tirailleurs, quand, à un signal de Mourad-Bey, ces deux mille mameluks se précipitèrent à grands cris et de toute la vitesse de leurs chevaux sur nos fantassins, ceux-ci les laissèrent approcher jusqu'à une demi-portée de fusil, et les reçurent alors par une terrible décharge d'artillerie et de mousqueterie, qui en fit tomber un grand nombre. Ceux que les balles n'avaient pas atteints continuèrent leur course, et vinrent s'abattre devant une haie infranchissable de baïonnettes. Dès lors ils ne formèrent plus une masse ; ils flottèrent quelque temps indécis autour des carrés ; quelques-uns parvinrent à tourner les carrés, espérant trouver plus de facilité à nous attaquer sur les derrières; mais partout on leur faisait face, et les feux croisés des bataillons portèrent la mort au milieu d'eux. Bientôt ceux que nos balles n'avaient pas atteints quittèrent le champ de bataille et s'échappèrent au galop dans la plaine. Alors nos carrés, jusque-là immobiles, s'élancèrent au pas de charge, et s'emparèrent du camp de Chébréiss, tandis que Mourad, qui avait perdu deux à trois cents de ses plus braves cavaliers, regagnait en toute hâte le sommet du Delta, et courait nous attendre en avant du Caire à la tête de toutes ses forces.

Il n'en fallut pas davantage pour familiariser nos troupes avec ce nouveau genre d'ennemis, et confirmer Bonaparte dans le choix de la tactique qu'il venait d'essayer contre eux.

Le 14 juillet, l'armée se remit en marche pour le Caire, mais n'avançant qu'à petites journées, à cause de l'excessive chaleur, de la difficulté de se procurer des vivres, de l'incommodité des Arabes, qui obligeaient les colonnes à marcher lentement afin que tout le monde pût suivre, et de la nécessité d'attendre la flottille, sur laquelle on plaçait les malades et les hommes fatigués, ce qui dispensait d'occuper des points intermédiaires qui eussent affaibli l'armée. Ces marches lentes et pénibles, quoiqu'on eût bien moins à souffrir que dans le désert de Damanhour, occasionnèrent de nouveaux mécontentements, et les plaintes, les murmures redoublèrent avec plus de force que jamais. Les officiers, les généraux même murmuraient plus haut que les soldats; et il fallait tout l'ascendant de Bonaparte sur les uns et les autres pour calmer un peu les esprits et maintenir la discipline. Un fait qui m'est personnel prouvera que peu de chose eût suffi pour que le mécontentement allât jusqu'à faire oublier cette discipline sur laquelle reposait le salut de l'armée.

Le 16 juillet nous étions bivouaqués à Térané, et le même jour Desaix, avec sa division d'avant-garde, était à Ouardan. Je sommeillais profondément dans la tente de mon capitaine, quand je fus éveillé brusquement : il fallait partir sur-le-champ. Jamais pareil ordre n'arriva pour moi plus mal à propos ; car, après plusieurs nuits passées sans sommeil, j'avais bien compté sur celle-ci pour me dédommager. Je me levai cependant d'assez mauvaise humeur, et ma toilette fut bientôt faite ; depuis mon départ d'Alexandrie je n'avais jamais reposé que sur la terre, dans mon manteau et toujours habillé.

Je me rendis à l'état-major pour connaître la mission que j'avais à remplir. Là j'appris que le général en chef venait d'ordonner que tout ce qui composait l'administration de l'armée, commissaires des guerres, boulangers, bouchers, infirmiers, constructeurs, eussent à partir sur-le-champ pour rejoindre la division Desaix au village d'Ouardan, et que j'étais un des officiers désignés pour commander le détachement d'escorte, sous les ordres d'un adjudant général. Je ne sais ce que j'aurais donné pour être exempt d'une telle corvée ; mais il n'y avait pas moyen de l'esquiver, et il fallut bon gré mal gré me résigner.

L'escorte se composait d'une centaine de soldats de différentes compagnies ; nous étions trois officiers, un capitaine, un lieutenant et un sous-lieutenant, appartenant aux trois compagnies d'où les soldats avaient été tirés. Notre troupe fut bientôt prête et réunie au convoi que nous devions escorter.

A peine avions-nous passé les avant-postes du camp de Térané, que la lune se coucha et nous laissa dans une obscurité, sinon très-profonde, au moins dangereuse pour des esprits inquiets; en effet, la clarté du firmament, toujours pur, nous laissait entrevoir les objets, mais sans nous permettre de les distinguer, et l'imagination nous les représentait souvent comme des Arabes ou des mameluks prêts à nous surprendre et à nous massacrer. Nous n'avions point de guide; le chef d'état-major général Berthier avait dit à l'adjudant général qui nous commandait : « Ouardan est sur le bord du Nil, vous n'avez qu'à suivre ce fleuve jusqu'à ce que vous soyez reconnus par les postes de la division Desaix. » D'après cet ordre, nous suivions de près le rivage.

L'adjudant général, les commissaires des guerres et les principaux employés aux vivres étaient à cheval; tout le reste du personnel d'administration, boulangers, bouchers, etc., étaient montés sur des ânes. Les hommes d'escorte et nous-mêmes, nous étions à pied. Cette différence entre eux et des non-combattants, des *pékins*, pour me servir de leur expression, mécontenta nos soldats, déjà fort contrariés, comme je l'avais été moi-même, d'être dérangés dans leur sommeil. Les murmures avaient commencé dès l'instant où l'on s'était mis en route, et n'avaient cessé d'aller *crescendo*, jusqu'à ce qu'enfin ils éclatèrent tout à fait. Jetant gibernes et fusils par terre, ils s'écrièrent qu'ils étaient abîmés de fatigue et qu'ils ne pouvaient aller plus loin. En vain nous voulûmes, mes camarades et moi, les haranguer, les réprimander; en vain l'adjudant général, après leur avoir parlé avec douceur, les menaça de faire son rapport au général en chef, dont ils connaissaient la sévérité, ils restèrent inflexibles. Enfin les commissaires des guerres ordonnèrent aux hommes d'administration de céder leurs montures aux soldats et de prendre les fusils et les gibernes. Cet arrangement ramena le calme pendant quelques instants; nous marchâmes dans le plus grand désordre, mais dans le plus grand silence. Ce silence n'était interrompu par personne, pas même par les plus babillards, par ceux qu'en termes militaires on appelle les *blagueurs*; seulement, de temps en temps, ceux-ci faisaient entendre à voix basse quelques jurements énergiques, ou quelques malédictions épouvantables contre les *savants*.

Il faut expliquer ici cette espèce de fureur qui animait les soldats contre ce qu'ils appelaient les *savants* (c'était le nom qu'ils donnaient aux membres de la commission scientifique). S'étant aperçus que partout où il y avait des vestiges d'antiquités on s'arrêtait pour les fouiller avec soin, ils supposèrent que c'étaient les savants qui, pour chercher des antiquités, avaient conseillé l'expédition, et par conséquent étaient cause des maux qui nous accablaient. L'attente des richesses, les images riantes qu'on s'était formées, disparaissaient à l'aspect des privations de tout genre qu'il fallait endurer; la haine et les préventions du soldat s'étaient donc tournées contre les savants, qu'ils regardaient comme les auteurs de leurs misères. Ils ne les nommaient plus que des *ânes*, et par contre ils ne donnaient plus aux ânes véritables, fort communs et fort beaux en Égypte, d'autres noms que celui de *savants*. Cette plaisanterie soldatesque s'étendit bientôt sur tout Français non revêtu de l'habit militaire et se trouvant à la suite de l'armée; ainsi la plupart de ceux que nous escortions cette nuit, et surtout les commis aux vivres, étaient traités par eux de savants ou d'ânes, *ad libitum*, parce qu'ils voulaient expliquer la différence des mesures du pays avec les nôtres. Les militaires eux-mêmes qui montraient quelque curiosité pour les antiquités ne furent pas à l'abri des quolibets et des sarcasmes des soldats. Le vieux général Caffarelli-Dufalga, malgré l'estime réelle qu'inspiraient ses talents et sa bravoure, n'en fut pas plus exempt que les autres. *Lui*, disaient-ils en faisant allusion à la jambe qu'il avait perdue sur les bords du Rhin, *il peut bien se moquer de ça, il est sûr d'avoir toujours un pied en France*. Moi-même, dont on avait connu les goûts en Italie, et qui les avais manifestés de nouveau depuis notre arrivée en Égypte, je ne devais pas être épargné; cependant les soldats de ma compagnie m'aimaient, et je n'entendis jamais sortir de leur bouche la moindre plaisanterie ou la moindre allusion blessante. Seulement cette nuit, au milieu des sarcasmes et des imprécations qu'on dirigeait contre les savants en général, un de mes soldats à qui un de ses camarades d'une autre compagnie reprochait de ne pas faire chorus avec eux, lui répondit : « Tais-toi donc, tu ne sais pas que notre lieutenant est un savant en uniforme. »

Après une heure ou deux de marche, les ouvriers, les boulangers, les infirmiers, qu'on avait mis à pied, se plaignirent à leur tour de la fatigue; les soldats ne voulaient pas descendre, les injures commençaient à voler de part et d'autre, et je vis l'instant où notre autorité serait méconnue et où nous ne pourrions empêcher une rixe. Au milieu du tumulte, une voix partie je ne sais d'où s'écria : « Mais nous avons dépassé Ouardan, car il y a plus de quatre heures que nous marchons, et nous devrions être arrivés depuis longtemps; si nous continuons à avancer, nous allons tomber dans les mains des mameluks. » Ces paroles apaisèrent toute discussion et causèrent un trouble inexprimable. « Il faut retourner au camp, » dit une autre voix ; et aussitôt toute la cohue de s'écrier : « Oui, oui, il faut retourner ! » On fut obligé de s'arrêter ; personne ne voulait plus avancer, et le désordre devint général. L'adjudant céda aux clameurs de cette troupe indisciplinée ; seulement, pour mettre sa responsabilité à l'abri, il nous réunit en conseil avec les commissaires des guerres, afin d'aviser au parti qu'il y avait à prendre. Nul de nous ne pouvait affirmer que l'on n'eût pas réellement dépassé les avant-postes de Desaix ; nous n'avions pas, il est vrai, quitté les bords du Nil, mais le chef d'état-major pouvait s'être trompé ou avoir été trompé sur la position exacte d'Ouardan. D'un autre côté, désobéir à un ordre formel et céder à une mutinerie de soldats et d'ouvriers était quelque chose de si grave, que personne n'osait donner son avis.

Pendant ce fameux conseil, les uns s'étaient couchés ; les autres, en silence, calculaient les moyens d'échapper aux dangers dont ils se croyaient menacés. Tout à coup les sentinelles avancées qu'on avait placées pendant les conférences se replièrent sur nous en criant : « Aux armes ! voici les Arabes ! » Plusieurs affirmaient avoir entendu les pas des chevaux. Tout le monde se mit aussitôt à son rang, dans le plus profond silence, les armes chargées et prêtes à faire feu... On attendit longtemps dans cette attitude ; un quart d'heure, une demi-heure se passa... : rien ne parut, l'alerte était fausse.

On voulut alors reprendre les conférences; mais l'attitude des soldats annonçait évidemment un refus d'obéissance si l'on eût ordonné de continuer la marche en avant. L'adjudant général, cédant à la nécessité, consentit à regret à retourner au camp; malgré la pression exercée sur sa volonté, malgré l'adhésion que nous avions donnée au parti qu'il avait été forcé de prendre, il comprenait qu'il échapperait difficilement à la responsabilité qui pesait sur lui. Quant aux soldats, dès qu'on eut donné l'ordre de rétrograder, il n'y eut plus ni murmures, ni querelles; les ouvriers d'administration remontèrent sur leurs ânes, et nos fantassins cheminèrent gaiement à côté d'eux. Seulement, comme on marchait beaucoup plus vite qu'auparavant, quelques traînards ne purent suivre le détachement et restèrent à quelque distance en arrière. Tout à coup des cris se font entendre de leur côté; la colonne s'arrête aussitôt avec inquiétude... On revient sur ses pas pour savoir ce qui se passe : c'étaient nos traînards qui avaient saisi deux hommes entièrement nus, sur les corps desquels ils avaient marché sans les voir. Ces deux individus, qui n'étaient peut-être que des voleurs, comme par la suite il s'en introduisit beaucoup la nuit dans nos camps, devinrent nos guides et nos libérateurs. L'interprète que nous avions parmi nous leur dit, d'après l'ordre de l'adjudant général, qu'ils étaient évidemment des espions ou des voleurs, et que dans ces deux cas ils avaient mérité la mort, mais qu'on leur ferait grâce de la vie et qu'on les remettrait en liberté s'ils nous conduisaient à Ouardan, qui ne devait pas être éloigné. Ils protestèrent de leur innocence, et ils jurèrent de nous servir fidèlement de guides jusqu'où nous voulions aller. On les plaça en tête de la colonne, entourés de soldats qui avaient ordre de faire feu sur eux s'ils voulaient s'enfuir ou si l'on s'apercevait de la moindre trahison; mais on n'eut pas besoin d'exécuter ces menaces. En peu d'instants ils nous conduisirent à Ouardan, qui était beaucoup plus près que nous ne le pensions, et que nous n'avions pas dépassé, mais qui n'était pas précisément sur le bord du Nil. L'adjudant général rendit, selon sa promesse, la liberté aux deux fellahs, à qui il avait l'obligation d'avoir pu accomplir sa mission. Dans d'autres circonstances la mutinerie des soldats et des employés eût été l'objet d'un rapport et de graves punitions; mais on garda le silence, et bientôt les événements qui se pressaient firent oublier cet incident.

L'armée, réunie le 17 juillet à Ouardan, y séjourna le 18 et le 19. Le 20, elle partit de grand matin, et arriva de bonne heure au village d'Omédinar, à quatre à cinq lieues du Caire. Elle s'y arrêta pour reprendre haleine et pour préparer ses armes; car la journée du lendemain devait être décisive. Nous savions par les gens du pays que Mourad et ses mameluks, accompagnés de tous leurs fellahs, grossis de plusieurs milliers d'Arabes du désert, et soutenus tant par la milice du Caire que par les janissaires ou spahis dépendant du pacha turc, nous attendaient entre le Nil et les pyramides de Gisch. Ils se vantaient que là finiraient nos succès.

Le 21, l'armée partit d'Omédinar dès une heure du matin. Au milieu des ténèbres, l'avant-garde française se heurta contre une avant-garde d'un millier de mameluks, les premiers qu'on revoyait depuis l'affaire de Chébréiss, et qui, tenus en respect par quelques coups de canon, se replièrent avec ordre, sans rien tenter.

A l'aurore, l'armée, qui marchait depuis quinze jours vers le Caire, et qui avait été si souvent tentée, depuis ces quinze jours, de regarder l'existence du Caire comme fabuleuse, découvrit enfin au delà du Nil, qui coulait à sa gauche, les nombreux minarets de cette immense capitale, et à sa droite, dans le désert, les pyramides de Giseh, qui sont les plus hautes de l'Égypte, et que dorait le soleil levant. A la vue de ces constructions gigantesques, de ces muets et immobiles témoins des plus grandes vicissitudes humaines, j'éprouvai une émotion qu'il est impossible d'exprimer. Les grands noms des Sésostris, des Cambyse, des Alexandre, des Pompée, des César, étaient inscrits sur le granit de ces monuments, et nous venions y en ajouter un non moins grand, celui de Napoléon Bonaparte. L'armée tout entière s'arrêta comme saisie de curiosité et d'admiration. Le visage de Bonaparte lui-même rayonnait d'enthousiasme. Toujours prompt à s'emparer des émotions qu'il voyait naître, s'apercevant que tous les yeux se dirigeaient sans cesse sur les pyramides, il se mit à galoper devant les rangs, en répétant plusieurs fois ces paroles devenues historiques : « Soldats, songez que du haut de ces pyramides « quarante siècles vous contemplent et vont applaudir « à votre victoire (1) ! » Ces mots rendirent au soldat exténué toute sa force et toute son énergie, et il y répondit par un cri de victoire.

Après une courte halte, on s'avança d'un pas de plus

---

(1) Cette dernière partie de la proclamation ne se trouve dans aucune des nombreuses histoires publiées sur la campagne d'Égypte; toutes ne contiennent que ces mots : « Songez que du haut de ces pyramides quarante siècles vous contemplent! » Je ne me serais pas permis d'ajouter un mot à ces paroles, si je ne les avais pas réellement entendu prononcer de la bouche même de Bonaparte; mais, d'un autre côté, elles me paraissent le complément de sa pensée, qui sans cela aurait eu quelque chose de vague.

en plus rapide, car on voyait à chaque instant les pyramides grandir, les édifices du Caire se multiplier ; et il semblait que, pour prendre immédiatement possession de toutes ces merveilles, il ne fallait que hâter le pas. On ne s'arrêta plus que vers dix heures, et quand on aperçut le village d'Embabeh, et en avant de ce village la longue ligne d'or et d'acier que présentait l'armée ennemie rangée en bataille.

Les beys Mourad et Ibrahim eux-mêmes ignoraient complétement l'art de la guerre. Ils avaient à peine fait éclairer la marche de l'armée française, et s'attendaient, on ne sait sur quelle conjecture, à être attaqués par les deux rives du Nil. Ils avaient donc divisé leurs forces en deux armées, que reliait cependant entre elles une nombreuse flottille. A la droite du fleuve, Ibrahim avec deux mille mameluks, le pacha turc avec douze à quinze mille janissaires ou spahis, s'étaient chargés de couvrir les remparts du Caire, où plutôt se tenaient prêts à en sortir avec leurs femmes, leurs esclaves et leurs trésors, si les Français étaient victorieux, et à se réfugier en Syrie. Sur la rive opposée, c'est-à-dire sur la rive gauche, Mourad, plus belliqueux et plus brave que son collègue, mieux décidé surtout à se défendre, Mourad occupait avec trente à quarante mille hommes une longue plaine qui s'étendait entre le Nil et les pyramides. Il avait la droite appuyée au Nil, sur le bord duquel il avait retranché le gros village d'Embabeh, armé d'environ quarante pièces de canon et défendu par vingt-quatre mille fellahs ou janissaires. Ses mameluks, au nombre d'une dizaine de mille, appuyaient leur droite sur le retranchement du village et prolongeaient leur gauche dans la direction des pyramides. Enfin quelques milliers d'Arabes, qui n'étaient les auxiliaires des mameluks que pour piller et massacrer en cas de victoire, tenaient l'extrême gauche, remplissant l'intervalle des mameluks aux pyramides, et gardant Giseh, petite ville fermée d'une enceinte.

Ces dispositions eussent été formidables avec des troupes aguerries et disciplinées; mais, à l'exception des mameluks, toute cette multitude était incapable de combattre en bataille rangée. Bonaparte prit les mêmes dispositions qu'à Chébréiss, et cette journée ne fut que la répétition, sur une plus grande échelle, de ce qui s'était passé à cette première affaire. Comme à Chébréiss il fit former les cinq divisions en carré avec l'artillerie aux angles, les généraux et les bagages au milieu. Les carrés, tout en se formant, s'avancèrent presque à une portée de canon d'Embabeh. Desaix en tête, marchant par la droite, se porta sur le centre de la ligne des mameluks. Les autres divisions le suivaient à distance. L'intention de Bonaparte, par cette manœuvre, était de couper les mameluks du camp retranché, de les envelopper, de les pousser dans le Nil, et, après s'en être débarrassé, d'attaquer le camp, dont il serait plus facile alors d'avoir raison.

Il y avait une demi-heure que l'armée s'avançait dans cet ordre, lorsque Mourad-Bey, qui n'avait aucune idée des principes de l'art militaire, mais que la nature avait doué de l'esprit le plus prompt, du coup d'œil le plus pénétrant, joint à un courage à toute épreuve, devina l'intention du général français. Il comprit, avec une habileté qui aurait honoré un général européen consommé, qu'il était perdu s'il laissait l'armée française achever son mouvement. L'expérience de Chébréiss lui avait en outre appris qu'il était presque impossible d'entamer nos carrés quand ils étaient arrêtés, et qu'ils recevaient de pied ferme la charge de la cavalerie; mais il n'en devait pas être de même, pensait-il, pendant qu'ils étaient en marche; ils devaient alors offrir sur les flancs ou sur les derrières des ouvertures par où il serait facile de pénétrer. Il se trompait; mais cette erreur était bien pardonnable chez un homme qui ignorait complétement les manœuvres européennes, et qui avait été accoutumé jusqu'alors au plus profond mépris pour l'infanterie. Aussitôt que Mourad eut fait ses réflexions. il partit comme l'éclair avec sept à huit mille mameluks, laissant le reste pour soutenir le camp retranché et encourager l'infanterie, et vint fondre comme la foudre sur nos deux carrés de droite. Ce mouvement se fit avec une telle rapidité, qu'en un clin d'œil la division Desaix fut enveloppée, et qu'on craignit un instant qu'elle n'eût pas le temps de se mettre en position, son artillerie étant embarrassée au passage d'un bois de palmiers. Cela serait certainement arrivé, si les mameluks avaient chargé avec l'ensemble d'une cavalerie européenne; mais ces cavaliers si brillants, si intrépides, ne savaient que se précipiter avec une impétuosité inouïe, sans aucun ordre. Ainsi, les premiers mameluks qui arrivèrent sur Desaix étant peu nombreux, une décharge en jeta la moitié par terre, et quand les autres arrivèrent, le carré était entièrement reformé, faisant face de tous côtés. Nos braves soldats, opposant à la fougue des mameluks un sang-froid inébranlable, les accueillirent par des décharges très-nourries de mousqueterie et de mitraille partant des quatre côtés à la fois. Les mameluks, ainsi reçus partout, tombent percés de coups au pied des rangs français comme sous les murs d'une forteresse, ou, entraînés par l'instinct de leurs chevaux, voltigent autour de la citadelle vivante et enflammée, cherchant, mais en vain, à y faire une brèche. La masse, tournant bride, se rejette du carré de Desaix sur celui de Reynier, qui vient après. Accueillie là avec la même impassibilité, avec le même feu, elle veut, par un mouvement naturel, retourner vers le point d'où elle est partie; mais la division Dugua, que Bonaparte a postée vers le Nil, lui barre le passage; elle change encore de direction sous le feu de la mitraille de cette division, et sa retraite devient une déroute complète.

Une partie des fuyards s'échappa du côté des pyramides; l'autre, passant sous le feu de Dugua, alla se jeter dans le camp d'Embabeh, où elle porta le trouble et l'effroi. Au même moment la division abordait ce camp retranché, et le général Rampon, avec deux bataillons, occupait un fossé et une digue qui interceptaient la communication entre Embabeh et Giseh. La cavalerie qui se trouvait dans le camp voulut regagner Giseh; arrêtée par Rampon et par la division Dugua, qui l'appuyait, elle hésita, flotta plusieurs fois, et enfin se dirigea vers le Nil, dans l'espoir de le traverser à la nage; mais presque tous périrent dans les flots. Le camp retranché ne fit aucune résistance. L'infanterie qui le gardait, voyant la déroute de la cavalerie, abandonna le combat, se jeta dans de petites barques ou à la nage; exposés au feu plongeant de nos carabiniers, bien peu purent gagner l'autre rive. Un grand nombre descendit le Nil le long de la rive gauche et se sauva dans la campagne à la faveur de la nuit. Tout ce que renfermait le camp, canons, chameaux, bagages, tomba au pouvoir des Français.

Mourad-Bey avait tenté plusieurs fois de rouvrir la communication avec son camp et de lui faciliter la retraite. Tous ses efforts échouèrent; alors il opéra sa retraite, dont il donna le signal par l'incendie de sa flotte. En un instant le Nil fut couvert de feu, et les lueurs de l'incendie se reflétaient sur les minarets du Caire et jusque sur les pyramides de Giseh. Des richesses immenses étaient entassées sur ces navires, et périrent ainsi, au grand regret de l'armée.

De douze mille mameluks, trois mille seulement avec Mourad-Bey se retirèrent dans la haute Égypte; deux mille qui étaient restés pour défendre le Caire avec Ibrahim-Bey firent depuis leur retraite sur la Syrie; sept mille périrent dans cette bataille, si fatale à cette brave milice, qui ne s'en releva jamais.

La nuit était arrivée, et l'on n'était éclairé que par l'incendie de la flotte. Le camp d'Embabeh et les environs offrirent alors un spectacle unique, qui ne sortira jamais de ma mémoire. Les soldats avaient oublié qu'ils étaient sur pied depuis quatre heures du matin, et qu'ils n'avaient pas mangé. Ils n'étaient occupés en ce moment que de tirer parti de l'immense butin qu'ils venaient de faire. Au milieu des cadavres dont le camp et le champ de bataille étaient couverts, on vendait des chevaux, des armes, des vêtements; chaque soldat vantait le prix de l'objet qu'il offrait à acheter, la légèreté du cheval qu'il avait arrêté, la richesse de son harnachement, comme si l'on eût été sur un champ de foire. Quelle confusion! quel tableau! Les uns mangeaient, buvaient; d'autres se couvraient la tête d'un riche turban de cachemire tout ensanglanté; celui-ci revêtait une pelisse: c'était son trophée, qu'il avait conquis au péril de sa vie; personne ne pensait aux souffrances de la veille, ni à ce qui pouvait survenir le lendemain. Les éclats de cette joie bruyante au milieu du silence de la mort, à la sombre clarté d'un incendie, avaient quelque chose de lugubre comme une page du Dante.

Le quartier général arriva à Giseh à neuf heures du soir et s'établit dans une magnifique maison appartenant à Mourad-Bey.

CHAPITRE IV

Désordres au Caire. — Prise de possession de cette ville par les Français. — Proclamation de Bonaparte aux habitants du Caire. — Son entrée dans cette ville. — Organisation de l'administration. — Création du grand divan. — Colonnes mobiles. — Mesures prises pour achever la soumission de l'Égypte. — Desaix est chargé de contenir Mourad-Bey. — Bonaparte marche lui-même contre Ibrahim. — Description du Caire. — Aspect de cette ville. — Ses rues, ses maisons, ses mosquées. — Mosquées d'Amrou, d'El-Azhar. — Tombeaux des kalifes. — Citadelle. — Le puits de Joseph. — Bazars. — Industries. — Leur distribution par quartiers. — Retour de Bonaparte de son expédition contre Ibrahim. — Victoire de Salahieh. — Ibrahim se réfugie en Syrie. — Destruction de la flotte française à Aboukir. — Effets produits par la nouvelle de ce désastre. — Bonaparte l'apprend en quittant Salahieh. — Paroles qu'il adresse à ceux qui l'entourent. — Son retour ranime la confiance. — Parti qu'il tire des restes de la flotte. — Organisation administrative de la basse Égypte. — Fête du Nil présidée par Bonaparte. — Fête de Mahomet. — Réflexions. — Fondation de l'Institut d'Égypte. — Son objet. — Sa composition. — Noms des membres qui en firent partie. — Son installation. — Ses premières séances. — Ses premiers travaux.

Dans la nuit qui suivit la bataille des Pyramides, de graves désordres éclatèrent au Caire. Les mameluks ayant abandonné cette ville, la populace qui fourmille dans toutes les grandes cités, se voyant sans maîtres, s'abandonna à toutes sortes d'excès. Toutes les maisons des beys furent dévastées; on allait bientôt attaquer celles des riches négociants de toutes les nations; mais ceux-ci, réunis aux ulémas et aux cheiks, imposèrent quelque temps à la populace. Leur autorité n'aurait pas tardé à être méconnue, s'ils n'eussent trouvé un appui dans les vainqueurs des mameluks. Tandis qu'ils étaient dans cette agitation, arriva un drogman envoyé par le général en chef pour leur faire connaître ses intentions pacifiques et leur remettre des exemplaires de sa proclamation d'Alexandrie. Aussitôt une députatation de cheiks se rendit à Giseh, ayant à sa tête le kiaya du pacha, pour assurer le général en chef de la soumission de la ville. La députation n'eut qu'à se louer de l'accueil qu'elle reçut de Bonaparte, et se hâta de retourner rassurer ses compatriotes. Elle ne tarda pas à être suivie du général Dupuis, nommé commandant d'armes du Caire, qui prit possession de la citadelle et des principales positions. Dès lors la tranquillité de la ville était assurée ; les premiers effets de la soumission furent l'arrivée au camp d'une immense quantité de vivres, dont l'armée entière éprouvait le besoin le plus pressant. Ce secours nous vint d'autant plus à propos, que la flottille ne pouvait plus monter le fleuve à cause du peu de profondeur de l'eau, et qu'il fallait attendre le commencement de la crue pour la faire arriver jusqu'au Caire.

Immédiatement après son entrée au Caire, le général Dupuis fit afficher la proclamation suivante du général en chef :

« Peuple du Caire,

« Je suis content de votre conduite ; vous avez bien
« fait de ne pas prendre parti contre moi. Je suis venu
« pour détruire la race des mameluks, protéger le
« commerce et les naturels du pays. Que tous ceux qui
« ont peur se tranquillisent ; que ceux qui se sont éloi-
« gnés reviennent. Que la prière ait lieu aujourd'hui
« comme à l'ordinaire, comme je veux qu'elle conti-
« nue toujours. Ne craignez rien pour vos familles, vos
« maisons, vos propriétés, et surtout pour la religion
« du prophète, que j'aime.

« Comme il est urgent que la tranquillité ne soit
« pas troublée, il y aura un divan de sept personnes

« qui se réuniront à la mosquée ; il y en aura toujours
« deux près du commandant de la place, et quatre
« autres seront occupés à maintenir la tranquillité et
« à veiller à la police. »

Dans la matinée du 24, l'armée entière effectua le passage du Nil. Bonaparte lui-même, accompagné de l'état-major général, fit son entrée solennelle dans la capitale de l'Égypte. Un grand nombre d'habitants, déjà revenus de leur première frayeur, tant la modération des Français ressemblait peu à l'altière et tyrannique conduite des mameluks, se portèrent à la rencontre du cortége. Chacun voulait contempler le vainqueur des beys, le chef de ces étrangers audacieux dont la renommée célébrait si haut les exploits. Accoutumée à voir ses anciens maîtres passer toujours sombres, toujours menaçants, toujours rapides, cette foule, composée d'individus de toutes les classes, restait comme ébahie quand elle voyait Bonaparte et les autres généraux s'avancer lentement au milieu d'elle et lui sourire avec bienveillance. Mais ce qui excitait surtout sa surprise, ce qui bouleversait toutes les idées qu'elle s'était faites des Français, c'était que des hommes qu'elle avait rêvés revêtus de costumes bien autrement splendides et plus coûteux que ceux des mameluks, armés d'une manière extraordinaire, portant des physionomies farouches ; que ces hommes-là, dis-je, pussent se montrer si braves sous des vêtements si mesquins, accomplir de si grands exploits avec des armes si simples, et se battre comme des lions, tout en ayant un visage souriant et plein de douceur.

Bonaparte établit sa résidence à la maison d'Effi-Bey, située sur la place d'Ezbekieh, à une extrémité de la ville. Cette maison avait un très-beau jardin, qui communiquait, par la campagne, avec Boulak et le Vieux-Caire. Les troupes furent casernées dans les habitations des principaux beys, dans celles des principaux mameluks, et purent enfin goûter pendant quelques jours, au sein de l'abondance et des commodités de la vie, un repos dont elles avaient indispensablement besoin.

Dès le lendemain de la bataille des Pyramides, et tandis qu'il était encore à Giseh, Bonaparte s'était occupé d'organiser l'administration du pays. Déjà, à son départ d'Alexandrie, il avait nommé M. Poussielgue administrateur général des finances et revenus en nature de l'Égypte. Il avait ordonné pour chaque province la formation d'une commission de trois membres et d'un agent spécial chargés : 1° de reconnaître et de mettre sous le scellé et en séquestre les propriétés mobilières et immobilières des mameluks; 2° de surveiller et activer la perception des contributions ordinaires et extraordinaires.

A Giseh, il ordonna l'établissement d'un grand divan, représentant une assemblée populaire, pour s'occuper de l'administration locale et juger les différends entre tous les Égyptiens; à ce grand divan devaient ressortir autant de divans partiels établis dans toutes les provinces de l'Égypte.

Il plaça en outre auprès de chacune des commissions françaises un agent cophte chargé de servir de guide, de donner tous les renseignements, et de transmettre en arabe les ordres destinés aux cheiks des villages.

Il confirma dans leurs fonctions tous les officiers civils qui n'avaient pas abandonné leur poste, et confia les places des émigrés à ceux qui lui furent présentés par le grand divan, composé lui-même de tous les notables de l'Égypte, que lui firent connaître MM. Venture, Magallon et Baudeuf (1).

Le 25 juillet, lendemain de son entrée au Caire, Bonaparte installa le divan particulier de cette ville. Le même jour, les mosquées étaient rouvertes, et les cadis se remettaient à rendre la justice comme à l'ordinaire, les Cophtes à percevoir les impôts, les contribuables à payer. Enfin, dès les premiers jours du mois d'août, le Caire avait complétement repris son aspect habituel.

Bonaparte mobilisa alors de petites colonnes qui se répandirent aux environs du Caire pour réprimer les incursions des Arabes. En effet, il était impossible aux Français de s'aventurer hors des murs sans s'exposer à être assassinés; on ne pouvait pas même se hasarder isolément à aller à Boulak, qui n'est qu'un faubourg du Caire, éloigné d'une demi-lieue au plus. J'étais pour mon compte très-contrarié des difficultés qu'offrait la moindre excursion au dehors; ce qui m'empêchait d'aller étudier sur place les anciens monuments que je n'avais aperçus que dans notre route d'Alexandrie au Caire; mais, bon gré mal gré, il me fallut attendre que la tranquillité fût rétablie, ou que les hasards de la guerre me fournissent l'occasion de satisfaire ma curiosité.

Bonaparte travaillait avec une incroyable activité à

(1) M. Venture avait passé quarante ans à Constantinople, au Caire et dans d'autres villes d'Orient; c'était le premier orientaliste d'Europe. C'était lui que Bonaparte chargeait de la traduction de ses proclamations et de ses dépêches adressées aux musulmans. Il est probable qu'il entrait aussi pour beaucoup dans la rédaction, afin de donner à ces documents la forme convenable aux idées de ceux à qui ils étaient adressés. — M. Magallon avait été longtemps consul de France à Alexandrie. — M. Baudeuf avait été le chef d'une importante maison de commerce française établie au Caire depuis un grand nombre d'années.

amener la soumission complète de l'Égypte. En même temps qu'il établissait les colonnes mobiles, dont je viens de parler, il mettait ses meilleurs lieutenants à la tête de divisions plus fortes, et chargeait les uns de redescendre le Nil pour achever l'occupation du Delta, qu'on avait traversé, et non encore conquis; les autres, de remonter le fleuve pour aller prendre possession de l'Égypte moyenne. Chacun de ces généraux, munis à cet effet des instructions les plus minutieuses, devait répéter dans tout le pays ce qui avait été fait à Alexandrie et au Caire, notamment saisir toutes les propriétés des mameluks et substituer partout les Français à leurs droits, se concilier les cheiks à force de respect, gagner les Cophtes en leur faisant espérer une amélioration de leur sort, et viser toujours, en leur laissant la perception des impôts, à fournir aux besoins de l'armée.

Il fallut enfin, pour assurer la conquête de l'Égypte, en finir avec Morad-Bey et Ibrahim-Bey. Desaix fut posté avec sa division à l'entrée de la haute Égypte pour y contenir provisoirement le premier, puis l'en chasser dès que le Nil serait redevenu navigable par l'abaissement de ses eaux. Quant à Ibrahim, qui se tenait à Belbéis, à huit à dix lieues du Caire, paraissant toujours méditer quelque retour offensif, Bonaparte se réserva lui-même d'aller débarrasser de ce voisinage inquiétant la capitale de sa conquête. Le 8 août il prit une dizaine de mille hommes, dont il partagea le commandement entre les généraux Leclerc, Murat, Dugua et Reynier, et quitta le Caire.

Je ne fis point partie de cette expédition, et je profitai du repos de quelques jours qui me fut donné pour visiter le Caire, ne pouvant encore, par les raisons que j'ai dites, tenter d'excursions en dehors de la ville.

Quoique par son étendue, son importance, ses monuments et sa population, le Caire offre au voyageur un aspect certainement plus curieux et plus intéressant que celui d'Alexandrie dans son état actuel, la vue d'Alexandrie, sans parler de ses ruines et de ses souvenirs historiques, mais considérée simplement comme ville turque, avait produit sur moi une impression bien plus vive et bien plus extraordinaire que celle du Caire. Cela se conçoit facilement. Je m'étais bien attendu à ne pas trouver la magnifique et opulente cité des Ptolémées; mais jamais je ne m'étais figuré ces maisons à fenêtres grillées, ces costumes étranges, ces Arabes en guenilles, ces chameaux, ces troupes de chiens dégoûtants, ces femmes hideuses tenant dans leurs dents le coin d'un voile de grosse toile bleue pour nous cacher leurs figures basanées.

Le voyageur par terre, en quittant son pays, rencontre des usages, des mœurs, des costumes différents; mais il est amené par degrés à cette transition. A quelques lieues de sa ville natale, il entend un langage modifié, les costumes ne sont déjà plus les mêmes; enfin, avant d'arriver au terme de son voyage, il est habitué aux changements et se forme une idée assez juste de ce qu'il va voir.

Les sensations du voyageur par mer sont d'autant plus fortes qu'il y a plus de différence entre son pays et celui où il aborde. Il en a lu l'histoire, il a lu les descriptions des voyageurs qui l'ont précédé; il a vu les dessins des sites, des costumes; mais tout ce qui s'offre à ses yeux ne répond point aux idées qu'il s'était faites.

Tel est l'effet que produisit sur moi et sur la plupart

de mes compagnons la vue d'Alexandrie et de l'Égypte. La réalité n'avait aucune ressemblance avec tout ce que nous nous étions imaginé ; le désenchantement fut complet, et la tristesse s'empara d'un grand nombre d'entre nous, qui, à peine débarqués, regrettaient déjà leur patrie.

Mais quand nous arrivâmes au Caire, nous étions déjà familiarisés avec le pays ; l'aspect de cette ville, quoique très-pittoresque, nous causa donc peu de surprise. Du reste, elle ressemble aux autres villes de l'Orient, par l'architecture de ses édifices, ainsi que par l'irrégularité de ses rues étroites ; non-seulement les bazars et les mosquées, mais encore l'intérieur des maisons, présentent le type pur de l'architecture arabe.

Dans les rues, où l'on touche presque du coude les deux murailles, des ânes galopent, des chameaux s'avancent à la file, chargés de moellons ou portant des poutres placées en travers, de manière à intercepter toute la largeur de la rue. Il y a dans plusieurs quartiers une cohue tumultueuse, un pêle-mêle étourdissant, comparables à l'encombrement de certaines rues de Paris et de Londres.

Un grand nombre de maisons sont bâties en pierres au lieu de l'être en bois, comme dans la plupart des villes d'Orient. Ce qui produit un charmant effet, ce sont les *moucharabieh*, espèce de balcons garnis d'un treillage de bois travaillé avec une élégance et une coquetterie remarquables.

A notre entrée au Caire, toutes les rues étaient fermées par des portes qui ne s'ouvraient que dans le jour. C'était pour se garantir des incursions des Arabes bédouins, qui avaient l'audace de venir exercer leur brigandage jusqu'au milieu de la ville. Une pareille précaution suffit pour faire juger de la faiblesse ou de l'incurie d'un gouvernement. Le général en chef fit détruire toutes ces portes, sous prétexte qu'il n'en avait pas besoin pour défendre la ville contre les incursions des Arabes; mais un motif plus puissant le déterminait : en cas de révolte, ces portes auraient fait de chaque rue autant de petites forteresses isolées, qu'il aurait fallu emporter de vive force. On eut à s'applaudir de cette prévoyance du général, dans la révolte qui éclata deux mois après.

On compte au Caire environ quatre cents mosquées; mais la plupart tombaient en ruine. Je profitai du droit que nous donnait la conquête pour visiter les principales, ce qui n'était permis à aucun chrétien avant l'arrivée des Français. La plus ancienne et la plus remarquable par son architecture est la mosquée d'Amrou, bâtie en 620 de l'ère chrétienne. C'est l'architecture musulmane à son état primitif. On peut y étudier le type original de cette architecture, type reproduit dans les autres mosquées du Caire, et de plus en plus modifié en Espagne et en Sicile. La mosquée d'Amrou présente l'aspect d'un grand cloître dont les côtés ont plusieurs rangées de colonnes et entourent un espace découvert; au milieu est une fontaine pour les ablutions. Du reste, un temple sans toit convient parfaitement au pays où le ciel est presque toujours serein.

La mosquée El-Azhar, fondée en 968, ressemble à une grande hôtellerie. Outre les lieux destinés aux prières, il y a plusieurs endroits où les ulémas donnent leurs leçons sur les lois et commentent le Coran. On trouve dans l'intérieur de cet édifice des quartiers appelés *rouâgs*, où peuvent loger les étrangers. On y remarque ceux des Syriens, des Persans, des Kurdes,

des Nubiens, des Turcs, des Indiens, des habitants de l'Hedjaz, de Bagdad, etc. Il y a aussi des logements destinés aux aveugles, sorte d'infirmité très-commune en Égypte. Tous les hôtes de cette mosquée y viennent pour s'instruire, et ce n'est qu'à condition qu'ils se livreront à l'étude que l'entrée leur en est ouverte. Ils sont entretenus aux frais de la mosquée. Chaque rouâg a son *nagher* ou directeur, chargé de la surveillance et dépendant d'un directeur principal. On distribue tous les jours trente-huit quintaux de pain, ainsi que de l'huile pour l'éclairage. A la fin de chaque mois on pourvoit aux besoins des étudiants par une légère rétribution en numéraire. Pour couvrir ces dépenses, la mosquée emploie les revenus des immeubles qui lui appartiennent, et qui proviennent de legs pieux appelés *ouagfs*. Si ces revenus sont insuffisants, le gouvernement y supplée.

Les tombeaux des califes occupaient l'emplacement de ce qu'on appelle aujourd'hui le bazar de Khan-Khalid; mais ils sont tous détruits, à l'exception de celui d'El-Saled (Saladin) Eyoub. Ce monarque était le septième de la dynastie des Ayoubites; il mourut en 1250, ou 617 de l'hégire, comme l'indique l'inscription placée au-dessus de la porte. Ce fut pendant le règne de ce calife que saint Louis entreprit sa malheureuse expédition contre l'Égypte. Quant aux tombeaux situés en dehors des murs, à l'est de la ville, et que les Européens désignent aussi par le nom de *tombes des Califes*, ils sont d'une date beaucoup plus récente : ils renferment les dépouilles des rois mameluks qui régnèrent depuis 1382 jusqu'à l'invasion des Turcs sous Sélim Ier, en 1517.

Un des curieux monuments du Caire est la citadelle

bâtie par Bohâ-ed-Dyn, grand vizir de Salah-ed-Dyn (Saladin), dans le xiie siècle de notre ère. Cette forteresse fut élevée à l'extrémité de la coupe septentrionale du mont Mokaltan, pour assurer la soumission de la ville et renfermer le palais du souverain. Elle a gardé le nom qui lui fut donné alors, de *Kalah-el-Gebel* (forteresse de la montagne). Un puits immense y fut creusé, dans le roc vif, à une profondeur extraordinaire, et un magnifique palais y fut élevé pour servir de demeure habituelle au souverain. Le palais n'existe plus, et il n'en reste que des débris connus sous le nom de *divan de Youssouf* (Joseph). Le puits subsiste toujours, et sert encore à l'usage auquel il a été destiné : on l'appelle également puits de Youssouf ou de Joseph. Youssouf était le nom particulier du sultan, dont *Salah-ed-Dyn* (le salut de la religion) n'était que le titre honorifique.

Ces deux noms ont induit en erreur plusieurs voyageurs modernes qui ont voulu voir dans l'auteur de ces deux monuments le patriarche Joseph. Ces mêmes voyageurs ont aussi regardé comme l'ouvrage du ministre de Pharaon les vastes enclos appelés *Greniers de Joseph,* que le même vizir fit également construire à Fostatt (le Vieux-Caire) pour y recevoir les contributions en nature que payaient annuellement les diverses provinces de l'Égypte.

Sur la plate-forme de la citadelle on jouit d'un coup d'œil magnifique : la vue embrasse toute la ville et une grande partie de la vallée du Nil, et elle s'étend jusqu'aux Pyramides et à la pointe du Delta.

Toute la population s'agglomère dans les bazars, espèce de marchés toujours ouverts. C'est là que se rencontre la foule des étrangers de tous les pays, et que les fellahs des provinces voisines viennent journellement vendre leurs denrées. Cette foule habituelle donne un surcroît de quinze à vingt mille individus. Dans le reste de la ville, la population est clair-semée : on voit des rues désertes et des maisons en ruine.

La population du Caire s'élevait, avant notre arrivée, environ à deux cent cinquante mille âmes. Le départ des mameluks du pacha avec toutes leurs suites l'avait diminuée de plus de quarante mille âmes. Les Arabes forment la majeure partie des habitants; les Cophtes en représentent environ un vingtième, et les Juifs un cinquantième.

Les différentes industries sont distribuées au Caire dans des quartiers spéciaux, comme elles l'étaient au moyen âge dans les villes de la France ou de l'Allemagne. Peu de temps après notre arrivée, des ouvriers français, des spéculateurs à la suite de l'armée formèrent des ateliers et des boutiques de tout genre, sans s'astreindre à l'ordre établi pour les diverses industries. Ainsi, bientôt on rencontra dans les rues des restaurateurs français, *à l'instar de Paris*, plus approvisionnés sur la carte que dans leur garde-manger; des bottiers, des chapeliers, des bourreliers, des fabricants de meubles à la française, qui nous mirent à portée de nous fournir de lits, de tables, de chaises, dont nous avions trouvé les maisons entièrement dépourvues à notre arrivée.

Je n'avais pas encore eu le temps de visiter tout ce que le Caire renferme de curieux, quand on annonça le retour de Bonaparte. Il avait poursuivi Ibrahim-Bey jusqu'à Salahieh, dernier village de l'Égypte du côté de la Syrie, et après un combat sanglant il l'avait forcé à se réfugier dans le désert et à aller demander un asile au pacha de Saint-Jean-d'Acre. Bonaparte, avant de quitter Salahieh, résolut de former dans ce village d'importants magasins de vivres, et d'y faire construire une forteresse pour mettre ces magasins à l'abri d'une attaque de vive force. Le général Reynier fut chargé de veiller à la construction de cette forteresse, et en outre d'organiser à la française la province de Charquieh, dont Salahieh fait partie, et dont il était nommé gouverneur. Dugua fut envoyé en la même qualité dans celle de Mansourah. Ces dispositions prises, Bonaparte, avec le reste de l'armée, se mit en route pour le Caire, le 14 août 1798.

Ainsi des succès continuels avaient signalé notre séjour en Égypte depuis notre débarquement à Alexandrie jusqu'au combat de Salahieh. Le résultat de ces victoires avait été l'occupation de la capitale de l'Égypte, qui entraînait nécessairement la conquête du pays. Des deux seuls hommes qui pouvaient offrir quelque résistance à nos armées, l'un venait d'être expulsé du pays; l'autre, Mourad, le plus brave, était condamné à l'inaction et réduit à se tenir sur la défensive. Tous ces avantages s'étaient accomplis dans l'espace de six semaines au plus. Rien ne semblait devoir désormais s'opposer à la pacification et à l'organisation paisible de notre conquête, quand tout à coup la nouvelle du plus épouvantable revers vint nous frapper de stupeur et compromettre tous nos succès : la flotte française venait d'être presque entièrement détruite à Aboukir par la flotte anglaise, sous les ordres de Nelson.

L'amiral français Brueys, averti de l'approche de la flotte ennemie, préféra le combat le moins avantageux en s'embossant dans une rade foraine, dont la côte ne lui assurait qu'une faible protection. Sa ligne, mal décrite, trop éloignée de la terre, laissait en outre de trop grands intervalles entre les vaisseaux. S'il restait sous voiles, ses chances étaient plus avantageuses ; s'il savait tirer parti de sa position, sa flotte était invincible, ou bien il eût offert le premier exemple d'une flotte embossée, et bien défendue par des batteries de terre, qui voit rompre sa ligne. L'ennemi, fort des mauvaises dispositions de Brueys, commença l'attaque ; tandis que cinq de ses bâtiments passent entre la terre et la ligne française, deux autres coupent la ligne vers le centre, et six la prolongent en dehors. Dès lors la division du milieu et celle de droite, mises entre deux feux, soutiennent un combat inégal, que l'arrière-garde pouvait seule rétablir ; mais cette division de gauche, où le contre-amiral Villeneuve a son pavillon, reste immobile sur ses ancres. Deux vaisseaux seulement parvinrent à s'échapper. La flotte anglaise, très-maltraitée elle-même, ne fut en état d'appareiller que quinze jours après l'action. Le dévouement des Français fut digne d'eux ; mais que peut l'intrépidité mal dirigée contre une tactique supérieure ?

Les détails de cette malheureuse journée nous glacèrent le cœur. L'avenir, qui depuis la prise du Caire nous avait paru si brillant, s'obscurcit tout à coup. Comment finirait cette expédition ? et quel secours pouvions-nous attendre désormais de notre marine ? Comment vivre en Égypte, sans nouvelles de France, séparés peut-être pour jamais de tout ce qui nous était cher ? Exilés à cinq cents lieues de notre patrie, nous allions être réduits à traîner notre misérable existence au milieu d'un peuple dont les mœurs différaient tant des nôtres, toujours en état de guerre, et ne voyant plus d'événements heureux qui pussent jamais nous ramener sur les bords chéris de la France. Telles furent les cruelles réflexions qui nous accablèrent à la réception de cette affreuse nouvelle, et augmentèrent les ravages de la nostalgie, qui sévissait déjà parmi nous.

L'arrivée de Bonaparte releva un peu le moral de l'armée, que ce coup avait frappée d'une manière inattendue. C'était à quelque distance du village de Salahieh, et au moment où il se mettait en route, le 14 août, qu'il avait reçu un aide de camp de Kléber porteur d'un message contenant le rapport du désastre d'Aboukir. Pendant la lecture de ce rapport il ne laissa percer sur son visage aucune des sensations douloureuses dont son esprit était assailli. Le rapport lu, il prit à part l'envoyé de Kléber, et lui demanda quelques détails de vive voix; puis, se rapprochant des officiers de son état-major, il leur dit d'un ton calme : « Nous n'avons plus « de flotte... eh bien! il nous faut mourir ici, ou en « sortir grands comme les anciens! » Il communique à tous ceux qui l'entourent, sans précautions oratoires, la désastreuse nouvelle qu'il vient de recevoir; puis, pour détourner les sombres idées que déjà il voyait se peindre dans tous les regards, il développe la pensée qu'il venait d'exprimer succinctement. « Eh bien, leur « dit-il, nous voilà dans l'obligation de faire de grandes « choses, nous les ferons; de fonder un grand empire, « nous le fonderons. Des mers dont nous ne sommes « pas maîtres nous séparent de la patrie; mais aucune « mer ne nous sépare ni de l'Afrique ni de l'Asie. « Nous sommes nombreux, nous ne manquerons pas « d'hommes pour recruter nos cadres. Nous ne man- « querons pas de munitions de guerre, nous en avons « beaucoup; au besoin Champy et Conté nous en « fabriqueront. » Cette assurance du général en chef, son ascendant sur les troupes, l'autorité de sa parole;

4*

rendirent aux officiers et aux soldats la confiance dans l'avenir; on reprit la route du Caire, sinon gaiement, du moins avec une résignation calme, bien différente du désespoir où nous avait plongés cet affreux événement.

Son retour au milieu de nous, ses paroles, que nous répétèrent ceux qui l'avaient accompagné, dissipèrent en partie nos alarmes. Au bout de quelques jours, l'ordre était rétabli, l'espérance était revenue; mais il s'agissait de consolider cet état de choses. Il fallait d'abord achever de détruire la funeste impression que l'anéantissement de notre armée navale avait produite sur les habitants de l'Égypte, et, dans ce but, remédier autant que possible aux conséquences immédiates de la désastreuse journée d'Aboukir, c'est-à-dire recomposer une petite escadre de guerre; il fallait ensuite s'occuper activement de l'organisation administrative du pays, et, tout en poursuivant la conquête du sol, gagner le cœur des indigènes. L'activité de Bonaparte pourvut à toutes les exigences de cette tâche.

A peine rentré au Caire, il écrivit au contre-amiral Ganteaume de prendre le commandement des débris de la flotte. Il y avait encore dans le port d'Alexandrie deux vaisseaux de soixante-quatorze, quatre frégates et un assez grand nombre de petits bâtiments de guerre. Ganteaume eut ordre de faire armer et approvisionner ces divers bâtiments, et de remplir au plus tôt les vides que présentaient l'état-major et l'équipage de chacun d'eux à l'aide des marins en assez grand nombre échappés au désastre d'Aboukir. En même temps il faisait construire sur les chantiers du Caire trois chaloupes canonnières à fond plat, portant chacune une pièce de vingt-quatre et quatre pièces de quatre, ne tirant que deux pieds d'eau. Une était destinée pour le lac de Bourlos, et les deux autres pour le lac de Mensaleh. Chacune de ces chaloupes pouvait porter jusqu'à deux cents hommes. Dès que ces embarcations furent construites et envoyées à leur destination, ces deux lacs furent entièrement maîtrisés.

En même temps aussi l'administration s'organisait dans toute la basse Égypte : des remontes nombreuses arrivaient dans le dépôt central du Caire ; les contributions se percevaient régulièrement ; une commission était établie pour recevoir les réclamations des habitants sur les vexations qu'ils pouvaient éprouver ; des mesures sévères étaient prises contre les dilapidateurs, etc. etc.

Au milieu de ces préoccupations, Bonaparte ne négligeait aucune occasion de montrer aux Égyptiens le plus profond respect pour les anciens usages. Une de ces occasions s'offrit deux jours après son retour de Salahieh. C'était la fête annuelle du Nil, l'une des plus grandes fêtes nationales de l'Égypte. Elle a lieu au Caire le jour où, le Nil ayant atteint sa plus grande hauteur, on coupe la digue par où l'eau du fleuve s'introduit dans un large canal qui traverse la ville, et qui l'arrose pendant tout le temps que dure l'inondation. Cette opération de la rupture de la digue est précédée d'une proclamation annonçant la hauteur que les eaux ont atteinte à l'échelle du *mekias* ou nilomètre ; et lorsqu'on espère une inondation qui ne soit ni trop peu ni trop abondante, la joie devient générale, car on doit compter sur une excellente récolte. Cette fête remonte à la plus haute antiquité, et elle était probablement toute religieuse à l'époque où le Nil, le bienfaiteur de l'Égypte, était compté au nombre des principales divinités d'un pays où, comme on sait, les dieux étaient multipliés à l'infini. Aujourd'hui cette fête a un caractère plus civil que religieux, et elle est présidée par le souverain ou son représentant.

Malgré les graves soucis qui le préoccupaient alors, Bonaparte voulut présider à la fête qui se préparait et en augmenter la pompe par la participation de l'armée.

Le 18, dès le matin, les troupes françaises prirent les armes, et vinrent se ranger sur le bord du canal. Accompagné de son état-major, du kiaya du pacha, du divan et d'une nombreuse population, Bonaparte se transporta au petit château élevé à l'entrée du canal. Au signal qu'il donna, un cheik annonça l'élévation à laquelle le Nil était parvenu. Par un heureux hasard, l'élévation du fleuve se trouva être de vingt-cinq pieds, c'est-à-dire une des plus favorables qu'on eût obtenues depuis un siècle. La foule se livre à des transports d'allégresse, et dans les actions de grâces qu'elle adresse au Ciel elle confond les noms de Mahomet et de Bonaparte, comme si la présence de celui qu'elle avait surnommé le *sultan Kébir* (1) (le grand sultan), *le favori de la victoire*, n'était pas étranger à cette faveur du Ciel. A un second signal, la digue est rompue, le fleuve se précipite dans le canal, et toute l'artillerie française tonne pour porter au loin l'annonce de cet heureux événement. Ce fut alors un curieux spectacle que de voir les hommes et les enfants se plonger dans les eaux du Nil, comme si des propriétés particulièrement bien-

(1) Un grand nombre d'écrivains français ont traduit ce mot de *kébir* par *igneus*, de feu. Ce mot n'a jamais signifié que *grand*, et on le trouve encore dans une foule de noms propres de lieux, de rivières, en Espagne et en Algérie. Ainsi, un des principaux fleuves d'Espagne a été nommé par les Arabes *Ouad-al-Kébir*, le grand fleuve, d'où l'on a fait le nom de Guadalquivir, qu'il porte encore aujourd'hui.

faisantes étaient attachées au bain de ce jour-là; puis des femmes y jetèrent des cheveux et des pièces d'étoffes, et, suivant la coutume, une flottille de barques s'élança vers le canal pour obtenir le prix destiné à celle qui pourra y pénétrer la première. Bonaparte voulut décerner lui-même ce prix; il voulut encore revêtir lui-même d'une pelisse blanche le *nakid-redjah,* fonctionnaire qui préside à la distribution des eaux, et d'une pelisse noire le mollah chargé de veiller à la conservation du *mekias* ou nilomètre. Il fit ensuite distribuer de copieuses aumônes; le soir la ville fut illuminée, et la nuit s'écoula dans les festins.

Deux jours après, le 20 août, on célébra la fête de la naissance de Mahomet avec plus de pompe encore que la fête du Nil. Les maisons des principaux Français furent illuminées comme celles des musulmans. Bonaparte et son cortége allèrent présenter solennellement leurs félicitations au cheik El-Bekri, chef de la famille reconnue la première parmi les descendants du prophète, et qui avait été le matin élu *nakib-el-ascheraf* ou chef des cheiks du Caire. Bonaparte, pour lui donner, en quelque sorte, l'investiture de cette haute dignité, voulut de ses propres mains le revêtir d'une pelisse d'honneur; et non-seulement il accepta avec tous les officiers qui l'accompagnaient un magnifique repas à l'orientale que ce personnage lui offrit, mais encore il poussa pour sa part la condescendance aux mœurs locales jusqu'à manger avec ses doigts.

Toutes ces concessions que Bonaparte faisait aux idées religieuses et aux coutumes du peuple vaincu, afin de gagner sa confiance et son affection, étaient jugées diversement et parmi nous et parmi les mulsumans eux-mêmes. Parmi les Français, ceux qui avaient abandonné tout principe religieux, et qui professaient sur cette matière une complète indifférence (et malheureusement c'était le plus grand nombre), regardaient les actes de déférence de Bonaparte pour le mahométisme comme de la haute comédie à laquelle ils s'associaient gravement, se réservant d'en rire intérieurement. D'autres, qui avaient conservé les principes de la foi dans laquelle ils avaient été élevés (leur nombre était très-restreint, mais il y en avait), jugeaient plus sévèrement cette conduite d'un général victorieux s'abaissant à feindre des sentiments religieux contraires à sa conscience. Quant aux musulmans, malgré leurs protestations, malgré les démonstrations les plus bruyantes, ils n'étaient pas dupes de cette mascarade, comme la suite l'a bien prouvé. Les chefs du culte, les austères sectateurs de l'islamisme, loin de regarder comme un bienfait la protection que le jeune général accordait aux musulmans, ne voulaient y voir qu'une honte pour eux, et traitaient de profanation insultante le rôle que Bonaparte s'attribuait quelquefois dans les cérémonies religieuses. Ainsi le but principal qu'il s'était proposé était loin d'être atteint.

Si les moyens qu'il employa pour gagner les esprits de la multitude, et flatter momentanément les préjugés du pays, peuvent donner lieu à une juste critique, il n'est personne qui n'applaudisse aux efforts qu'il fit pour répandre le bienfait des lumières sur cette contrée, en chasser la barbarie, et lui rendre une partie de cette civilisation qui jadis y avait jeté tant d'éclat. C'est dans ce but, et aussi dans l'intérêt général des sciences et des arts, que Bonaparte décréta le 21 août, lendemain de la fête du prophète, la fondation du célèbre institut d'Égypte.

L'Institut d'Égypte, dans la pensée de son fondateur, devait, d'une part, travailler à introduire sur les bords du Nil tous les progrès de la civilisation moderne ; il devait, de l'autre, rechercher, étudier, publier tous les faits et documents propres à éclaircir l'histoire des premiers Égyptiens, ou à constater la somme de leurs connaissances.

L'Institut d'Égypte se composa de quarante-huit membres, et fut, comme l'était alors celui de la mère patrie, divisé en quatre classes ou sections : 1° sciences mathématiques ; 2° sciences physiques ; 3° économie politique ; 4° littérature et beaux-arts. Les principaux titulaires furent pris dans la commission scientifique et artistique organisée avant le départ de France ; les autres, parmi les officiers du génie, d'artillerie et d'état-major.

La classe des sciences mathématiques compta au nombre de ses membres : Andréossi, Bonaparte, Costaz, Fourier, Girard, Lancret, Lepère, Leroi, Malus, Monge, Nouet, Quesnot, Say ;

Celle de physique et d'histoire naturelle : Berthollet, Champy, Conté, Delille, Descotils, Desgenettes, Dolomieu, Dubois, Geoffroy Saint-Hilaire, Larrey, Savigny ;

Celle d'économie politique : Bourienne, Caffarelli-Dufalga, Coroncez, Desaix, Kléber, Gloutier, Poussielgue, Reynier, Sulkowski, Sacy, Tallien ;

Enfin celle de littérature et beaux-arts : Denon, Dutertre, Norry, Parseval-Grandmaison, Redouté, Rigel, Venture, et un prêtre grec nommé don Raphaël.

L'Institut d'Égypte fut doté de revenus considérables, et installé dans un des principaux palais du Caire, laissés vacants par la fuite des beys. La grande salle du harem, au moyen de quelques changements, devint le lieu des séances. D'autres salles reçurent les presses d'imprimerie, la bibliothèque et les nombreuses machines, les nombreux instruments de physique, d'astronomie, de chimie, apportés de France. D'autres salles encore se remplirent successivement des curiosités du règne animal, du règne végétal et du règne minéral que présentait le pays. Enfin, derrière le palais était un vaste jardin qui donnait sur la campagne; on le transforma en un jardin botanique, et on y éleva un observatoire.

Dès le 25 août, l'Institut tint sa première séance et s'occupa de la formation de son bureau. Monge fut élu président, Bonaparte vice-président, et Fourier secrétaire.

A partir de ce jour, les séances de l'Institut eurent lieu tous les cinq jours, et furent publiques. De plus, Berthollet fit plusieurs fois par décade, au laboratoire de chimie, des expériences auxquelles chacun fut également libre d'assister. Les habitants du Caire vinrent en foule à ces assemblées, quand ils furent convaincus qu'on n'y traitait d'aucune affaire religieuse.

Bonaparte présenta à l'Institut une série de questions formant le programme des premiers travaux dont ce corps savant aurait à s'occuper. Ces questions étaient toutes d'intérêt local, et tendaient à l'amélioration du sort des habitants du pays et de celui de l'armée.

Plus tard, c'est-à-dire lorsque la conquête du sol fut à peu près achevée, et que les communications entre les diverses provinces devinrent plus faciles, les membres de l'Institut passèrent à un autre ordre de travaux. Parmi les ingénieurs, les uns s'occupèrent de lever une carte détaillée de l'Égypte, les autres d'en faire une description exacte; d'autres étudièrent la série de travaux à exécuter pour rendre le Nil navigable en toute saison. D'autres, après qu'on eut retrouvé les vestiges de ce fameux canal de Suez, par lequel la mer Rouge communiquait avec la Méditerranée, déterminèrent le nivellement et le tracé d'un canal nouveau. Les astronomes fixèrent la position géographique des principaux points du pays, et surtout celle des anciens monuments, dans le but de réaccorder la géographie ancienne avec la géographie moderne. Les naturalistes dressèrent des tableaux de toutes les productions des trois règnes, et notèrent toutes les observations physiques, géologiques, météorologiques. Les antiquaires, fouillant au besoin le sol, entreprirent la recherche et l'examen de toutes les ruines qui pouvaient fournir de nouveaux renseignements à l'histoire. De leur côté, les peintres et les dessinateurs recueillirent sur leurs toiles et leurs albums tout ce qui pouvait donner une idée des coutumes et des arts. C'est ainsi que pendant toute la durée de l'expédition nos savants associèrent leurs efforts à ceux des soldats; le zèle et la constance des uns devaient même porter de meilleurs fruits que l'héroïsme des autres.

CHAPITRE V

Déclaration de guerre de la Turquie contre la France. — Manifeste du Grand Seigneur. — Les Anglais le répandent en Égypte. — Révoltes dans la basse Égypte. — Efforts de Bonaparte pour maintenir la tranquillité au Caire. — Mécontentement occasionné par l'enregistrement des titres de propriété. — Révolte du Caire. — Pillage de la maison du général Caffarelli. — Massacre de deux ingénieurs. — Attaque de la maison de l'Institut. — Mort du général Dupuis. — Massacre d'un convoi de blessés. — Mort de Sulkowski. — Batteries établies par le général Dommartin. — Bonaparte ordonne une attaque générale contre les insurgés. — Bombardement de la mosquée. — Orage. — Les insurgés se soumettent. — Rétablissement de l'ordre. Supplice des principaux instigateurs de la révolte. — Dissolution du grand divan. — Effets de l'insurrection du Caire. — La domination des Français consolidée. — Calme rétabli dans les provinces. — Système de fortifications du Caire. — Création de divers établissements industriels et d'utilité publique. — Excursion aux environs du Caire. — L'île de Moudah. — Le *mekias* ou nilomètre. — Course sur la lisière du désert. — Halte aux pyramides. — Sakkarah. — Les Arabes du désert. — Retour au Caire. — Visite aux pyramides. — Description de la pyramide de Chéops. — Visite dans l'intérieur. — Le sphinx. — Sa description. — Cryptes. — Ruines d'Héliopolis. — Obélisque. — Joseph et Putiphar. — Souvenirs de la fuite en Égypte. — Un dîner chez un riche habitant du Caire. — Ode arabe sur la conquête de l'Égypte par les Français. — Littérature et poésie des Arabes.

Bonaparte était parvenu, comme nous l'avons dit, à ranimer la confiance de l'armée et à lui faire presque oublier les funestes conséquences du désastre d'Aboukir; il s'était en même temps efforcé, par tous les moyens que sa politique pouvait lui suggérer, de gagner l'affection des Égyptiens, et de leur persuader que ce fatal événement n'avait en rien diminué sa force et ses moyens d'action. Le peuple d'Égypte est bon, et il se serait peut-être laissé facilement gagner aux protestations du général en chef, s'il n'eût été poussé à la révolte par une influence étrangère. D'ailleurs il avait cru jusqu'ici que les Français agissaient d'accord avec la Porte Ottomane ; mais il allait bientôt être détrompé à cet égard.

Le Directoire avait promis à Bonaparte, lors de son départ de France, d'envoyer un négociateur à Constantinople pour déterminer le gouvernement ottoman à rester au moins neutre dans cette affaire, en lui persuadant que ses intérêts n'y étaient nullement compromis ; on serait allé jusqu'à lui offrir ou lui promettre une compensation. Cette espérance était peut-être fondée, et il y a tout lieu de croire que, moyennant une indemnité convenable, le divan turc aurait fermé les yeux, et se serait contenté de l'ombre de suzeraineté qu'on affectait de lui conserver. Mais le négociateur, qui devait être le célèbre Talleyrand de Périgord, n'arriva point, et le Directoire, après le combat naval d'Aboukir, abandonna les Turcs à la merci de la politique anglaise, et les Français d'Égypte à leur fortune.

D'un autre côté, les Anglais, après leur victoire d'Aboukir, parurent à Constantinople, et par leurs promesses ou par leurs menaces, auxquelles se joignaient les promesses et les menaces des Russes, ils parvinrent à déterminer le divan turc à déclarer la guerre à la France, et à préparer une armée pour agir en Égypte. Aussitôt le divan publia un firman du Grand Seigneur contenant un manifeste très-étendu et très-détaillé de griefs réels ou imaginaires qui avaient motivé cette déclaration ; il se terminait par un appel fait à tous les musulmans de courir aux armes et de commencer la guerre sainte.

Les Anglais se chargèrent de répandre cette pièce sur tout le littoral de la Syrie, de l'Égypte et des puissances barbaresques. Bientôt les Arabes la colportèrent dans toutes les provinces de l'Égypte et jusqu'au Caire ; les imans la lurent dans les mosquées, et appelèrent le peuple à la guerre sainte; les beys Mourad et Ibrahim poussaient de leur côté les populations à la révolte, en leur promettant appui. La sédition éclata d'abord sur divers points de la basse Égypte, et les généraux Menou, Marmont et Dugua ne pouvaient suffire à la réprimer. Le Caire était encore tranquille ; ses habitants, comprimés par l'appareil militaire que le séjour du général en chef y déployait, craignaient de s'abandonner à des mouvements qui eussent compromis infructueusement leur sécurité. Bonaparte d'ailleurs ne cessait de flatter les chefs ; toutes les demandes que faisait le divan étaient promptement accordées; il avait un soin particulier de respecter et de faire respecter tout ce qui touchait à la religion ; mais les imans, plus sévères sur cet article que les autres musulmans, ne regardaient cette protection que comme une profanation et un avilissement. En conséquence ils entretenaient en secret l'esprit de révolte qu'avait excité la lecture de la proclamation du Grand Seigneur, en attendant l'occasion favorable pour éclater. Cette occasion ne tarda pas à se présenter.

Les propriétés en Égypte ne sont que des concessions temporaires du gouvernement, susceptibles d'être renouvelées ou retirées à la mort du titulaire, ainsi qu'il en était jadis en Europe pour les fiefs, aux premiers temps de la féodalité. Dans le besoin d'argent qu'il éprouvait, le général en chef avait imaginé de changer ces concessions temporaires en concessions perpétuelles; mais les nouveaux titres devaient être soumis à un enregistrement et assujettis à un droit proportionnel déterminé. En vain le divan avait-il approuvé cette mesure, qu'il trouvait tout à fait conforme, disait-il, à la lettre et à l'esprit du Coran; elle n'en excita pas moins un mécontentement général. Les concessionnaires n'y voyaient qu'un moyen fiscal pour leur arracher de l'argent, et ce n'était à leurs yeux qu'une avanie déguisée. Ces concessionnaires, pour la plupart, surtout les plus riches, avaient leur résidence habituelle au Caire; la masse de la population tenait d'eux son existence, et par conséquent son opinion dans les circonstances difficiles. Tant que ces propriétaires n'avaient pas été atteints, ils étaient restés tranquilles, attendant les événements; mais dès qu'ils se sentirent froissés, ils se plaignirent, et le peuple les imita. Alors les imans, voyant les dispositions haineuses qu'ils avaient depuis longtemps entretenues dans les rangs inférieurs du peuple gagner les hautes classes, jugèrent que le moment était venu d'appeler les vrais croyants à la guerre sainte; les mosquées retentirent de leurs prédications fanatiques, et bientôt, à jour dit, le peuple entier de la capitale de l'Égypte se leva comme un seul homme pour secouer le joug odieux des infidèles.

Le 21 octobre, à la pointe du jour, de tumultueux attroupements se formèrent dans les divers quartiers du Caire, et obligèrent le divan à aller demander au général en chef le rapport de son arrêté sur l'enregistrement des concessions. Mais, au lieu d'attendre paisiblement l'issue de cette démarche, la multitude, excitée par les meneurs, et voyant ses rangs grossir à chaque instant, se persuada qu'elle serait assez forte pour chasser immédiatement les Français du Caire. Se fiant à la faiblesse numérique de la garnison et à l'éloignement des divers postes qu'elle occupait, les bandes de révoltés se partagèrent la ville, en parcourant toutes les rues à la fois, et, chemin faisant, massacrèrent tous ceux de nos compatriotes qu'elles rencontrèrent. La maison habitée par le général du génie Caffarelli fut investie et pillée. Heureusement pour lui, il était sorti dès le matin pour accompagner Bonaparte dans une visite qu'il faisait à l'île de Rhoudah et à Giseh, où il était question d'installer plusieurs services militaires; mais deux ingénieurs des ponts et chaussées, Duval et Thevenot, se trouvaient dans la maison de Caffarelli au moment où les révoltés s'y présentèrent. Ils voulurent arrêter ce torrent; ils se défendirent avec le plus grand courage, et tombèrent bientôt victimes de leur dévouement.

Une autre bande se portait en même temps contre l'hôtel que Bonaparte avait donné aux membres de l'Institut et à ceux de la commission des sciences; mais, grâce au courage et à l'activité des membres de cette commission, aidés seulement de leurs domestiques, elle fut mise à l'abri d'un coup de main; les assiégés se défendirent jusqu'au moment où on leur envoya des troupes pour les dégager.

Le général Dupuis, commandant de place, averti de ces mouvements, s'était contenté d'abord, par un excès de confiance dans les moyens qu'il pouvait déployer, d'ordonner des patrouilles; mais l'insurrection prenant un caractère sérieux, il sortit accompagné de son aide de camp Maury, de son interprète et de quinze dragons. Quoique toutes les rues fussent obstruées de monde, il était parvenu à dissiper quelques attroupements; mais arrivé dans la rue des Vénitiens, un flot immense de peuple voulut s'opposer à son passage. Il fit entendre quelques paroles de paix par son interprète; on n'écouta rien. Irrité, et peu accoutumé à cette résistance, il donna à ses dragons l'ordre de charger. Au même instant un coup de lance l'atteignit au-dessous de l'aisselle gauche et lui rompit l'artère; son aide de camp fut jeté à bas de son cheval. Le général, blessé à mort, lui tendit la main pour le faire remonter ; mais, ce mouvement ouvrant un large passage au sang, il perdit connaissance. On le transporta dans la maison de l'aide de camp de Bonaparte, Junot son ami, où il expira un quart d'heure après.

Dès ce moment la terreur se répandit partout; le canon d'alarme se fit entendre, la fusillade s'engagea dans toutes les rues; la plupart des grands s'étaient réfugiés dans le fond de leurs harems ; les femmes, du haut des terrasses des maisons, poussaient des cris de désespoir. Les insurgés, au nombre de quinze mille, se retranchèrent dans la mosquée de Gama-el-Azhar, pour rallier à eux ceux des habitants qui, encore timides, n'avaient pris aucun parti; ils en barricadèrent les avenues. D'un autre côté, les Arabes du dehors, prévenus du mouvement projeté, parurent, et cherchèrent à entrer dans la ville pour se réunir aux insurgés.

Le général en chef, qu'on avait envoyé chercher à Giseh, rentra à neuf heures du matin; mais, toutes les communications se trouvant interrompues entre les divers quartiers de la ville, il se tint sur la défensive. Le général Bon prit provisoirement le commandement de la place, dans lequel il fut ensuite remplacé par le général Destaings. Vers midi il arriva un convoi de Salahieh conduisant une vingtaine de malades. Le convoi fut assailli par les Arabes, les conducteurs dispersés, et les malades, à peine entrés dans la ville, furent tous massacrés.

La nuit ramena le calme, ou, pour mieux dire, la

suspension des hostilités ; mais les insurgés en profitèrent pour se renforcer. Le général en chef fut prévenu que les Arabes du désert étaient en marche, et que déjà deux de leurs tribus les plus voisines, les Billis et les Térabins, au nombre de sept à huit cents hommes, interceptaient les communications entre la ville et le faubourg de Boulak. Le chef d'escadrons Sulkowski, aide de camp de Bonaparte, partit avec deux cents chevaux, passa le canal sur le petit pont, chargea les Bédouins, en tua quelques-uns, et les poursuivit pendant plusieurs lieues. Il nettoya tous les environs de la ville ; mais, assailli à son retour par la populace de Bab-el-Nasr, son cheval s'abattit, et le malheureux officier succomba, percé de dix coups de lance. Le Polonais Sulkowski était un bon officier, très-aimé de Bonaparte ; il fut vivement regretté du général en chef et de toute l'armée.

Depuis minuit, le général Dommartin, commandant l'artillerie, avait établi sur un des revers du Mokattan, entre la citadelle et la Koubbé, des batteries qui dominaient la grande mosquée de Gama-el-Azhar. En attendant qu'il fût prêt, le général en chef envoya à plusieurs reprises offrir le pardon aux insurgés ; mais ceux-ci, prenant cette démarche pour de la faiblesse, rejetèrent toute proposition de sa part. Alors il ordonna à quatre colonnes d'attaque de cerner la mosquée et le quartier qui l'entoure, afin qu'aucun homme ne pût s'échapper. Ces dispositions prises, il envoya l'ordre à la citadelle et aux batteries du général Dommartin de commencer leur feu. Cet ordre arriva à quatre heures après midi ; aussitôt une grêle de bombes, de boulets, d'obus, tomba sur la mosquée et sur les maisons d'alentour. En même temps, par un phénomène très-rare en Égypte, le ciel, généralement si pur, se couvrit de nuages, et le fracas du tonnerre vint se mêler à celui de l'artillerie française. Cette coïncidence fortuite impressionna vivement les esprits superstitieux des Égyptiens, et ne contribua pas peu à maintenir la tranquillité dans les autres quartiers de la ville.

Après deux heures de bombardement, les insurgés, désespérant de pouvoir résister plus longtemps, envoyèrent demander grâce, promettant une soumission pleine et entière. « Vous avez refusé mon pardon lorsque je vous « l'offrais, répondit Bonaparte aux envoyés ; vous avez « laissé passer l'heure de la clémence ; maintenant il est « trop tard. Puisque vous avez commencé, c'est à moi « de finir. » Lorsque cette dure réponse leur eut été transmise, les insurgés qui occupaient la grande mosquée essayèrent une sortie et tâchèrent de se faire jour les armes à la main ; mais partout ils rencontraient les baïonnettes de nos grenadiers, et ils ne trouvaient que la mort. Alors les chefs, se dévouant pour la multitude qu'ils avaient égarée, s'avancèrent sans armes vers nos soldats et implorèrent leur pitié par les démonstrations les plus pressantes. La nuit tombait, et le sang n'avait déjà que trop coulé. Bonaparte ordonna d'épargner les suppliants, fit cesser le feu et le carnage, et reçut à merci tout ce qui restait encore d'insurgés.

Le lendemain 23, l'ordre était parfaitement rétabli au Caire ; mais la rumeur publique désignait un certain nombre d'individus qui avaient composé ce qu'on appelait le *divan de défense*, ou conseil de l'insurrection, comme les principaux instigateurs des désordres qui avaient eu lieu. Ils furent tous arrêtés, à l'exception de quelques-uns qui parvinrent à s'échapper ; une commission militaire les jugea immédiatement, et le

24 octobre, à six heures du matin, ils furent fusillés. Comme parmi eux s'étaient trouvés un ou deux membres du divan national, Bonaparte prononça la dissolution de cette assemblée, déclara le Caire en état de siége, et frappa les habitants d'une contribution extraordinaire de plusieurs millions.

Ainsi se termina cette sanglante insurrection. La répression fut rapide et terrible; mais elle imprima dans l'esprit des musulmans une idée extraordinaire de la force et de la puissance des Français; et cet événement, qui pouvait avoir pour nous les plus fatales conséquences, consolida notre domination.

Les ulémas du Caire firent des proclamations qui furent envoyées dans toutes les provinces; elles contribuèrent, avec la nouvelle de ce qui s'était passé au Caire, à calmer les révoltes qui s'étaient déjà déclarées sur divers points. Plusieurs d'entre eux, sur la fidélité desquels Bonaparte pouvait compter, furent envoyés en mission dans les provinces pour prévenir le retour de nouveaux désordres.

Une des premières mesures que prit Bonaparte après la répression de l'insurrection fut d'établir au Caire un système de fortifications qui pût à l'avenir la préserver des entreprises du dehors et des suites de quelque autre tentative de révolte intérieure. En conséquence il fit augmenter considérablement les ouvrages de la citadelle, et construire en même temps cinq nouveaux forts, qui tous dominaient la ville. En même temps on relia le Caire à Boulak par une excellente chaussée, garnie de fossés et de parapets et supérieure au niveau des inondations du Nil. Un pont de bateaux fut établi entre la rive droite du fleuve et l'île de Rhoudah. Un deuxième pont volant servit aux communications de cette île avec

Giseh, qui fut entourée d'une muraille crénelée et mise à l'abri d'un coup de main.

L'exécution de ces travaux purement militaires n'entrava ni la marche de l'industrie ni la création de nombreux établissements civils qui fournissent à la paix et à la guerre elle-même les mille ressources dont elles ont besoin. Ainsi on construisit au Caire des moulins à eau et à vent, des fours à pain, des salpêtrières, des moulins à poudre, etc. Il s'y forma de vastes ateliers de serrurerie, d'armurerie, de menuiserie, de corderie, de charronnage et de charpente; enfin des fonderies et des manufactures en tous genres d'où sortaient presque tous les produits des arts de l'Europe.

On fonda au Caire deux journaux : l'un de sciences et de littérature, sous le titre de *Décade égyptienne;* l'autre politique, appelé le *Courrier d'Égypte.*

La confiance renaissant à mesure que le gouvernement prenait plus de nerf, les établissements publics et particuliers se multiplièrent; des cafés et des restaurants à l'européenne s'ouvrirent dans presque tous les quartiers; il y eut une salle de spectacle. Des spéculateurs s'avisèrent de transformer le palais d'un bey et son jardin en Tivoli, à l'instar de l'établissement de même nom qui florissait alors à Paris; on y trouvait réuni tout ce qui pouvait flatter le goût des Français, billards, salles de jeu, cabinet de lecture, concerts, illuminations, feux d'artifice, etc.

Depuis l'arrivée des Français au Caire, je n'avais pas quitté cette ville, où ma demi-brigade était restée en garnison. Ce ne fut qu'après la révolte du Caire que je me trouvai à même, soit par les diverses missions dont je fus chargé, soit à l'aide des expéditions dont je fus appelé à faire partie, de visiter les principaux monuments de l'Égypte. Ma première excursion eut lieu cinq à six jours après l'insurrection. Voici à quelle occasion.

Les Arabes de Derne ayant paru jusqu'aux environs de Giseh, le général Alexandre Dumas, homme de couleur, eut ordre de les poursuivre. Je n'étais pas commandé pour ce service, uniquement réservé à la cavalerie; mais l'aide de camp du général, avec qui j'étais très-lié, étant tombé malade, je m'offris pour le remplacer. Le général m'accepta, et nous partîmes avec environ deux cents chevaux. Nous traversâmes le Nil à l'île de *Rhodah* ou *Rhoudah*, où nous passâmes la nuit. Le nom de Rhoudah signifie *jardin*; et, en effet, cette île est un jardin charmant. Le bras du Nil semble ici une petite rivière qui coule parmi les kiosques et les plantations d'arbres de toute espèce. Des roseaux touffus bordent la rive, et la tradition indique ce point comme étant celui où la fille de Pharaon trouva le berceau de Moïse. En se tournant vers le sud, on aperçoit à droite la porte du Vieux-Caire, à gauche les bâtiments du *mekias* ou nilomètre, entremêlés de minarets et de coupoles, qui forment la pointe de l'île. J'entrai dans l'intérieur des bâtiments du mekias, m'attendant à y trouver quelque trace d'antiquité; mais tout est de construction arabe, et il ne reste aucun vestige du nilomètre des anciens. Tout ce qu'on sait, c'est que cet établissement avait une grande importance; car c'était d'après la hauteur atteinte chaque année par les eaux sur la colonne graduée du nilomètre qu'on fixait la cote des impôts. Pour que l'année fût bonne, il fallait que l'inondation atteignît seize coudées; c'est pour cela que seize petits enfants jouent autour de la statue du Nil qui est au Vatican, et dont on peut voir une copie à Paris, dans le jardin des Tuileries, entre le grand bassin et le Pont-Tournant.

Le lendemain, de grand matin, nous nous mîmes en route ; nous passâmes non loin des pyramides, et, nous dirigeant à droite, nous parcourûmes tous les villages situés sur la lisière du désert, et où nous pouvions supposer que les Arabes se fussent retirés. Nous ne les trouvâmes point, quoique le général Dumas eût partagé sa cavalerie en deux pelotons pour les rencontrer plus sûrement. Nous revînmes aux Pyramides, où nous fîmes une halte.

C'était la première fois que je voyais d'aussi près ces gigantesques monuments, vers lesquels mes regards se portaient si souvent depuis que j'habitais le Caire, et que j'avais depuis si longtemps le désir de visiter. Malheureusement ce jour-là nous n'avions par le temps de nous arrêter à faire des observations ; je ne pus que contempler dans une sorte d'admiration silencieuse ces immenses constructions, dont, suivant la belle expression de Delille,

La masse indestructible a fatigué le temps.

Je fis le tour de la plus grande, appelée *Chéops*, et je pus m'assurer de la justesse de l'observation faite avant moi : c'est que les pyramides semblent diminuer de hauteur à mesure qu'on en approche, et ce n'est qu'en touchant les blocs de pierre dont elles sont formées, qu'on acquiert une idée juste de leur masse et de leur immensité. Je donnai ensuite un coup d'œil au sphinx et aux excavations chargées d'hiéroglyphes, et nous remontâmes à cheval.

Nous nous dirigeâmes, en suivant les confins du désert, sur un village où nous passâmes la nuit. Le lendemain nous continuâmes notre course jusqu'aux pyramides de Sakkarah, bien plus petites et bien plus anciennes que celles de Giseh; car, s'il faut en croire certains savants, elles auraient été bâties par des rois de la troisième dynastie, qui régnaient cinq mille ans avant Jésus-Christ. Mais, nonobstant mon respect pour ces savants, on me permettra d'opposer plus que du doute à l'exactitude prétendue de cette date.

Sakkarah est l'antique cimetière de Memphis, appelé la *Plaine des momies,* parsemée de pyramides et de tombeaux. Son aspect est triste et affligeant. La rapacité des fouilleurs y a répandu la dévastation; les tombeaux ornés de sculptures sont ravagés, le sol est couvert de monticules de sable produits par les bouleversements, et il est tout parsemé d'ossements humains à découvert, blanchis par le temps, restes des plus vieilles générations.

Nous ne nous arrêtâmes que peu d'instants à Sakkarah, et nous revînmes par le désert en nous dirigeant sur les grandes pyramides. Il nous paraissait fort extraordinaire de ne découvrir aucune trace de cette tribu que nous poursuivions depuis si longtemps; enfin un de nos éclaireurs, qui nous précédaient de quelques pas, tira un coup de pistolet : nous accourûmes, et nous aperçûmes dans une petite vallée à nos pieds une trentaine d'Arabes vêtus de burnous blancs. Ils étaient accroupis sur la selle de leurs chevaux, et fumaient silencieusement; ils prirent tranquillement le petit galop, et s'enfoncèrent dans l'immensité du désert. Nous nous lançâmes à leur poursuite; mais ils fuyaient avec une vitesse égale à la nôtre, se tenant toujours à une distance suffisante pour être hors de portée de nos armes à feu, s'arrêtant si nous nous arrêtions, et ne recommençant à marcher que quand nous nous avancions nous-mêmes. Je ne sais où ils nous auraient menés, si nous nous étions obstinés à les suivre. A la fin, le général Dumas, fatigué et ennuyé de cette course sans terme, nous ramena dans les terres habitées, et le lendemain nous arrivâmes à Giseh.

La vue des pyramides avait excité en moi le désir de les visiter plus complétement que je n'avais pu le faire dans l'excursion dont je viens de parler. Kléber, qui était venu passer quelques jours au Caire, voulut voir les pyramides, et il témoigna le désir d'être accompagné par quelques-uns des antiquaires de la commission. Je m'étais lié avec la plupart d'entre eux, et ils voulaient bien encourager mon goût pour l'archéologie et m'éclairer de leurs lumières. Ils me proposèrent de faire partie de la caravane qui devait accompagner Kléber, et je ne laissai pas, comme on le pense bien, échapper une si belle occasion.

Je ne dirai que peu de choses de ces merveilles de l'antiquité, dont la description se trouve partout. La plus grande, *le Chéops,* a quatre cent quarante-sept pieds de haut; de loin elle paraît finir en pointe, mais elle se termine par une petite plate-forme sur laquelle je suis monté, et où pourraient tenir plusieurs personnes. Cette plate-forme n'existait pas dans l'origine; elle a été formée par l'enlèvement des deux assises supérieures qui terminaient la pyramide et portaient sa hauteur à quatre cent cinquante-un pieds (onze pieds de moins que le clocher de Strasbourg). Sauf un petit nombre de chambres, deux couloirs et deux étroits soupiraux, la pyramide est entièrement pleine. Les pierres dont elle se compose forment une masse véritablement effrayante. Un membre de l'Institut d'Égypte qui nous accompagnait nous dit que cette masse, d'environ soixante-quinze millions de pieds cubes, pourrait fournir les matériaux d'un mur haut de six pieds, qui aurait mille lieues et ferait le tour de la France.

Hérodote parle d'une inscription tracée sur la grande pyramide; des inscriptions en caractères antiques et inconnus y existaient encore au moyen âge, selon les auteurs arabes; aujourd'hui on ne lit rien sur les murs des pyramides. Notre savant nous expliqua cette contradiction apparente en nous apprenant que la grande pyramide était primitivement recouverte d'un revêtement en pierre polie, ou plutôt d'un marbre blanc appelé marbre *arabique,* et tiré des bords de la mer Rouge. C'est sur ce revêtement, dont une partie fut enlevée par Saladin pour la construction d'un palais ou d'une mosquée, et dont une partie subsistait encore au XVe siècle, que se lisait sans doute l'inscription rapportée par Hérodote.

Nous voulûmes ensuite visiter l'intérieur, quoiqu'il n'y ait rien de bien curieux. Nous entrâmes du côté du nord, par un corridor qui descend d'abord, puis remonte et conduit à la salle qu'on nomme la *chambre du roi,* et qui renferme un sarcophage de granit. Le travail de la maçonnerie est merveilleux, et la lumière agitée des torches est reflétée par un mur du plus beau poli. De cette salle partent des conduits étroits qui vont aboutir au dehors; nous ne pouvions en comprendre la destination, et chacun hasardait ses conjectures; celle de notre savant nous parut la plus simple et la plus rationnelle : c'est que ces conduits étaient tout simplement des ventilateurs nécessaires aux ouvriers pendant qu'ils travaillaient dans le cœur de la pyramide. Nous visitâmes ensuite la *chambre de la reine,* placée presque au-dessus de la première et dans l'axe central de la pyramide ; puis une troisième chambre, beaucoup plus bas et taillée dans le roc. On parvient à cette dernière chambre, ou par un puits, ou par un passage incliné qui va rejoindre l'entrée de la pyramide.

Telle est la disposition de la grande pyramide ; celle des deux autres que nous visitâmes ensuite est analogue ; seulement la maçonnerie n'offre aucun vide, et les chambres qu'elles renferment sont creusées dans le roc.

Nous allâmes ensuite voir le sphinx placé au pied des pyramides, qu'il semble garder. Le corps de ce colosse a près de quatre-vingt-dix pieds de long et environ soixante de haut ; la tête a vingt-six pieds du menton au sommet. Je ne saurais mieux rendre l'impression que ce monument a produite sur moi qu'en empruntant les expressions d'un voyageur qui l'a vu longtemps après : « Cette grande figure mutilée, qui se dresse enfouie à demi dans le sable, est d'un effet prodigieux ; c'est comme une apparition éternelle. Le fantôme de pierre paraît attentif ; on dirait qu'il écoute et qu'il regarde. Sa grande oreille semble recueillir les traits du passé ; ses yeux, tournés vers l'orient, semblent épier l'avenir ; le regard a une profondeur et une fixité qui fascinent le spectateur. Le sphinx est taillé dans le rocher sur lequel il repose ; les assises du rocher partagent sa face en zones horizontales d'un effet étrange. On a profité pour la bouche d'une des lignes de séparation des couches. Sur cette figure, moitié statue, moitié montagne, toute mutilée qu'elle est, on découvre une majesté singulière une grande sérénité et même une certaine douceur (1). »

En quittant le sphinx, nous visitâmes quelques exca-

(1) M. Ampère, *Recherches en Égypte et en Nubie.*

vations souterraines qui sont aux environs. Les parois de ces cryptes sont couvertes d'hiéroglyphes; une des entrées que nous remarquâmes piqua notre curiosité. Kléber demanda si quelqu'un voulait y descendre : je m'offris. On me donna des liens dont je tenais l'extrémité, afin de me faire remonter en cas de besoin. La pente de cette entrée était douce; je me laissai aller avec précaution, tâtant de tous côtés avec la main qui me restait libre; je glissai l'espace de quelques pieds; mais, bientôt arrêté, je ne pus trouver d'issue; je criai qu'on me remontât, et j'en fus pour ma peine. Ces constructions souterraines m'ont paru bien inférieures à celles que je visitai plus tard aux environs de Thèbes, et qui sont connues des archéologues sous le nom d'Hypogées.

Au retour des pyramides, nous allâmes dîner chez le général Lannes, dans une petite maison assez jolie qu'il avait dans l'île de Rhoudah. Le soir je rentrai au Caire.

Quelques jours après, j'allai avec quelques amis visiter les ruines ou plutôt l'emplacement d'Héliopolis (ville du soleil); car de cette cité célèbre, où étudièrent Eudoxe et Platon, il ne reste qu'un obélisque, situé à une lieue du Caire. Cet obélisque doit être de plusieurs siècles plus ancien que celui de Louqsor (1), dont je parlerai plus loin. Il s'élève au milieu d'un jardin; il porte sur les quatre faces la même inscription hiéroglyphique, sauf quelques légères variantes. Cet obélisque, encore debout et intact, a survécu aux ravages des rois pasteurs et aux destructions de Cambyse. Il était placé en avant du temple du soleil, et avait, comme à l'ordinaire, un autre obélisque pour pendant. Au moyen

---

(1) On y lit le nom d'Oriarstsen Ier, qui vivait plusieurs siècles avant Sésostris.

âge, époque à laquelle Héliopolis offrait des ruines bien plus considérables qu'aujourd'hui, on voyait encore les restes de ce second obélisque, mais déjà renversé. Cet antique monument a aussi été témoin d'une des glorieuses victoires de l'armée française, la bataille d'Héliopolis, où dix mille Français, commandés par Kléber, ont défait une armée de quatre-vingt mille Turcs.

C'est au souvenir d'Héliopolis que se rattache le récit biblique de Joseph et de l'épouse de Putiphar. C'est près de cette ville aussi qu'une pieuse tradition veut retrouver les traces de la fuite en Égypte de la sainte famille. Une source coule au pied d'un sycomore vénéré des pèlerins. Le sycomore couvrit de son ombre Jésus, Marie et Joseph; l'eau de la source était amère; elle devint douce aussitôt que l'Enfant-Dieu l'eut touchée de ses lèvres.

Dès le temps de Strabon, Héliopolis était déjà bien déchue de son ancienne splendeur; elle portait des traces nombreuses des ravages de Cambyse; Strabon l'appelle déserte; il y cherchait en vain le collége des prêtres au milieu desquels Platon et Eudoxe étaient venus étudier l'astronomie; personne ne savait où était ce collége.

Au retour de ma promenade à Héliopolis, je reçus une invitation à dîner de la part d'un des négociants les plus riches et les plus considérés du Caire; il se nommait Ismaël-Ismaël; j'avais eu occasion de lui rendre service pendant l'insurrection, en empêchant les insurgés de pénétrer dans sa maison, qu'ils voulaient piller parce qu'Ismaël s'était toujours montré très-attaché aux Français. Dès ce moment il ne laissait échapper aucune occasion de me témoigner sa reconnaissance et son affection. Or, comme ce jour-là il donnait un repas à ses amis et aux principales autorités françaises et musulmanes, il aurait cru, me disait-il avec une courtoisie tout européenne, manquer à son devoir s'il ne m'eût pas invité.

J'acceptai avec d'autant plus de plaisir cette invitation, que c'était pour moi l'occasion de connaître quelques détails de la vie intime et des mœurs des Égyptiens, ce qui n'est souvent guère moins difficile à observer pour un étranger que les anciens monuments dont cette terre est couverte.

A l'heure indiquée je me rendis à la maison d'Ismaël, où arrivèrent en même temps que moi plusieurs officiers de l'armée, des employés supérieurs de l'administration, des membres de l'Institut, des cheiks, et d'autres musulmans appartenant aux plus hautes classes. Toute cette société, montée sur des chevaux ou sur des ânes, offrait, par le mélange et le contraste des costumes européens et orientaux, le coup d'œil le plus bizarre et le plus curieux.

Nous laissâmes nos montures dans une cour spacieuse, où se trouvaient réunis un grand nombre de domestiques de toutes couleurs. Nous fûmes d'abord introduits dans une vaste salle où l'on avait dressé une grande table entourée de chaises. Ismaël pensait nous faire une galanterie en nous offrant des siéges à la française, au lieu du tapis et du divan oriental ; je lui tins, pour ma part, peu de compte de sa prévenance, car j'avais contracté l'habitude de m'asseoir à la mode turque, et j'étais contrarié de cette innovation, qui allait altérer la couleur locale du tableau que je m'étais proposé d'examiner.

Nous ne fîmes que passer dans cette salle à manger, et nous entrâmes dans un autre appartement où se trouvaient déjà plusieurs convives. Les saluts furent réciproques, et nous nous étendîmes sur les divans. Vis-à-vis de nous étaient des plateaux chargés de liqueurs douces et de confitures de toute espèce. On nous les servit; ces mets étaient délicieux, mais ils n'étaient pas moins pour nous un contre-sens en gastronomie, car c'était le dessert avant le potage. En même temps on nous offrit des pipes remplies d'un excellent tabac et de bois d'aloès, que des serviteurs allumaient à un brasier, et nous présentaient après en avoir aspiré les premières bouffées; nous étions tous habitués à cet usage, qui nous avait d'abord inspiré du dégoût; mais comme l'extrémité du tuyau est toujours garnie d'ambre, elle ne peut conserver l'humidité de la bouche de celui qui vous passe la pipe après l'avoir essuyée.

Ces préliminaires terminés, la conversation s'engagea, froide, grave, mesurée, telle à peu près qu'elle a lieu parmi nous dans une réunion de personnes qui vont assister au convoi d'un parent ou d'un ami. Du reste on concevra facilement cette espèce de contrainte entre gens dont les goûts et les mœurs sont si différents, et qui ne pouvaient s'entendre qu'au moyen d'interprètes. Déjà le silence avait fait place au peu de paroles qui avaient été échangées, quand tout à coup les sons aigus et discords d'une bruyante musique vinrent nous tirer de l'espèce de langueur qui s'était emparée de nous. Je jetai les yeux vers le coin du salon où se tenaient les musiciens, et si leur symphonie était loin de me flatter l'oreille, mes yeux s'amusèrent un instant à examiner la physionomie, les gestes et les instruments de ces artistes, qu'on nous dit être les plus renommés de la ville. L'un tenait un violon à deux cordes, et me rappelait le fameux grimacier jouant la *Bourbonnaise*; un autre s'escrimait sur une guitare dont il tirait toujours les mêmes sons; enfin un troisième portait sur ses cuisses un instrument dont il jouait avec des morceaux de plume attachés à des anneaux passés dans les index. Aux sons de ces instruments se mêlaient les voix des musiciens, ce qui formait le plus épouvantable charivari que j'aie jamais entendu. J'aurais eu peine à conserver ma gravité, surtout en voyant les grimaces et les contorsions des chanteurs, si je n'avais remarqué le plaisir que causait aux convives musulmans une musique aussi bizarre.

Un domestique noir vint enfin nous délivrer de cette cacophonie, en nous annonçant que le repas était servi; nous revînmes dans la première salle. Derrière une fenêtre grillée étaient les femmes, dont ne pouvions distinguer les traits.

Le premier service consistait en riz et soupes au pain; le riz était préparé à la turque, et les soupes à la française. Des bouteilles de vin de Chypre et des vases remplis de sauces diverses garnissaient la table. On apporta ensuite des plats de viande de bœuf et de volailles bouillis. Bientôt se succédèrent avec une telle rapidité rôtis, poissons, légumes, sucreries, pâtisseries, qu'il me fut impossible, comme j'en avais eu l'intention, de compter les services; mais je crois, sans crainte d'exagérer, qu'il y en eut au moins vingt. Le dernier fut surtout remarquable. Il était composé de deux plateaux chargés de deux grands vases faits d'une pâte légère; une baguette noire et une blanche accompagnaient chacun de ces édifices. Le maître de la maison donna le bâton blanc à l'intendant général de l'armée, l'un des principaux convives, avec prière de casser un des monuments; il le fit, et aussitôt il en sortit une volée de pigeons portant à leur cou des rubans de diverses couleurs.

Après cette espèce de tour de passe-passe dont je n'ai jamais compris le sens, si toutefois on a voulu y en attacher un, on se leva de table ; nous revînmes au salon ; nous reprîmes nos places, les pipes, et l'on servit le café et de nouvelles liqueurs. Au lieu d'engager la conversation comme avant le dîner, notre hôte nous invita à écouter la lecture d'une ode arabe sur la conquête de l'Égypte, composée par Niquoula-el-Turk, et dont la traduction, strophe par strophe, nous serait faite par M. Marcel. Cette proposition fut accueillie avec empressement par tout le monde, et aussitôt l'auteur et le traducteur, qui tous deux étaient au nombre des convives, commencèrent. Voici cette ode en français, telle que nous la lut M. Marcel (1).

« Enfin nous voyons luire sur nous l'aurore du
« bonheur ; les temps fixés par Dieu sont arrivés ; une
« atmosphère de félicité nous environne ; l'astre bril-
« lant de la gloire qui dirige les guerriers français a
« répandu sur nous son éclatante lumière ; la renom-
« mée et la célébrité les précèdent ; la fortune et l'hon-
« neur les accompagnent.

« Le chef qui marche à leur tête est impétueux et
« terrible ; son nom épouvante les rois ; les rois flé-
« chissent leur tête altière devant l'invincible Bona-
« parte, devant le lion des combats ; son courage maî-
« trise les destinées irrévocables, et les cieux de la gloire
« s'abaissent devant lui.

(1) Niquoula-el-Turk a écrit une relation de l'expédition des Français en Égypte, qui a été traduite en français par M. Desgranges aîné. — Paris, 1840. — L'ode, texte arabe et traduction, se trouve dans la *Décade égyptienne*, Ier vol. p. 86 et 87. — Imprimé au Caire en l'an VII.

« Tout doit céder à sa puissance! Malheur à qui-
« conque lève contre lui l'étendard de la guerre; se
« déclarer son ennemi, c'est se dévouer à une perte
« inévitable; il force à s'humilier devant lui les puis-
« sants qui osent lui résister; et sa générosité envers
« les peuples soumis est un vaste océan qui n'a ni fond
« ni bornes.

« Phénix de son siècle, partout il a répandu la ter-
« reur par son activité surnaturelle et la rapidité plus
« qu'étonnante de ses conquêtes. Vainqueur des rois
« ligués ensemble, de nouvelles destinées l'occupent;
« il médite de nouveaux triomphes. Aussitôt, à ses or-
« dres, des phalanges infatigables se pressent sous ses
« étendards; à ses ordres, les mers étonnées se cou-
« vrent de nombreux vaisseaux.

« Alexandrie, malgré tous les obstacles qui la défen-
« dent, ne peut soutenir son attaque; le *moharrem* (1)
« l'y voit entrer victorieux : *moharrem*, mois heureux!
« à l'honneur d'ouvrir l'année tu réunis maintenant
« celui d'avoir ouvert aux héros de la France la carrière
« de leurs triomphes. Bientôt le Caire voit l'armée,
« fière de ses nouveaux trophées, inonder ses plaines
« et se précipiter autour de ses remparts.

« Chaque jeune guerrier brûle d'impatience de pou-
« voir signaler sa valeur. Bonaparte range ses pha-
« langes belliqueuses et les dispose pour l'attaque; il
« déploie toutes les connaissances qu'une longue expé-
« rience et l'étude lui ont acquise dans l'art des com-
« bats... Tout à coup, à ses ordres, ses bataillons s'é-
« branlent, s'élancent avec impétuosité, et d'une
« course rapide fondent sur les mameluks présomp-
« tueux.

(1) Premier mois de l'année musulmane.

« Alors le combat s'embrase comme une fournaise
« ardente ; le fracas des armes sème au loin l'épou-
« vante et glace les cœurs d'effroi. L'enfant lui-même,
« qui dans les guerres ordinaires ignore la crainte
« commune et ne pense qu'aux jeux de son âge, sent
« sur son front ses cheveux se dresser et blanchir de
« terreur. Bientôt les beys tremblent et se troublent;
« ils boivent à longs traits la coupe de l'amertume,
« et leur âme consternée s'abandonne au désespoir en
« voyant une journée qui leur est si désastreuse.

« Journée à jamais mémorable! O Dieu! préserve-
« nous d'être de nouveau témoins d'un combat aussi
« terrible! A moitié taillée en pièces, cette multitude
« innombrable armée par les beys pour leur défense
« se disperse épouvantée dans les déserts; la mort les
« y poursuit; la mort plane au-dessus de leurs têtes,
« comme si le Ciel irrité de leurs crimes eût fait pleu-
« voir sur eux les flammes vengeresses de sa colère.

« Dans ce désastre général, chaque chef, chaque
« soldat n'a plus qu'un seul désir, la fuite et la retraite
« loin d'une terre que leur tyrannie leur a rendue
« inhospitalière; une sombre horreur s'appesantit sur
« leurs âmes abattues, et le malheur s'attache partout,
« s'attache inséparablement à leurs pas. Bonaparte
« triomphe, et la défaite des mameluks a décidé leur
« sort pour toujours.

« Leur puissance est anéantie; et il ne reste plus à
« leurs princes dispersés d'autre carrière à parcourir
« que celle de l'humiliation, de la misère et du dés-
« honneur. Le Caire ouvre ses portes et reçoit dans
« son sein son vainqueur. Les volontés de Dieu sont
« accomplies, et le second mois de l'année, *safar*, est
« la glorieuse époque du complément heureux des

« triomphes dont l'année a vu commencer le cours. »

La lecture de cette pièce fut écoutée avec un religieux recueillement par les musulmans, et fut bruyamment applaudie par nous. Nous adressâmes nos félicitations à l'auteur, qui les reçut avec toute la joie grave et contenue d'un poëte content de lui-même. Puis nous engageâmes avec M. Marcel, le traducteur, une conversation sur la littérature et la poésie des Arabes. Voici en résumé ce que nous dit à ce sujet cet orientaliste érudit :

« La littérature arabe fut, dans son premier âge, simple, sans apprêt et dénuée d'ornements : son langage se ressentait des mœurs grossières et de l'état sauvage, pour ainsi dire, des peuples où elle naquit ; mais aussi, comme ils étaient plus près de la nature, leurs pensées étaient plus fortes et plus énergiques, leur style plus riche en idées qu'en paroles, et leurs expressions remplies de métaphores qui paraissaient souvent exagérées, parce qu'ils ignoraient encore les différentes gradations et les diverses nuances introduites depuis dans la peinture des idées. Elle se polit dans la suite, et dépouilla sa rudesse et sa barbarie à l'époque où les Arabes, ne se bornant plus à des guerres intérieures et devenus conquérants, apprirent à connaître les ouvrages de ces Grecs dont ils renversaient l'empire : ils y formèrent et épurèrent leur goût en les faisant passer dans leur langue et en les prenant pour modèles.

« Cependant à cette seconde époque la poésie arabe n'a point imité servilement la poésie grecque ; en recevant d'elle l'esprit d'ordre et de régularité, en apprenant à employer ses moyens avec plus de sagesse et d'harmonie, elle a conservé sa teinte originelle et la nuance touchante qui la sépare des autres peuples : sa marche est toute différente ; c'est une autre manière de penser et de s'exprimer, un autre goût, une autre touche.

« Le génie même de la langue arabe eût refusé de s'assujettir aux entraves de la prosodie grecque et aux règles strictes et étroites de l'art poétique. Dans ces climats brûlants, où le cerveau fermente, où le sang bouillonne, rien ne pouvait être tranquille et modéré ; le langage des passions devait nécessairement porter l'empreinte de la véhémence de leur éruption : les figures les plus hardies, les expressions métaphoriques sont d'un usage habituel et vulgaire dans la conversation familière des Arabes. Que devait donc être leur poésie !

« Sans doute la littérature arabe est bien déchue de ce qu'elle fut au temps des califes de Bagdad et de Cordoue ; mais on aurait tort de croire que le goût de la poésie s'est éteint parmi ces peuples : depuis la plus haute antiquité il s'est conservé de génération en génération, et leurs historiens de chaque siècle nous citent toujours un grand nombre de poëtes qui ont fleuri dans les différents âges.

« Même actuellement, l'Arabe du désert et celui de l'Yémen ont pour leurs poëtes la même considération que pour leurs guerriers ; au milieu de leurs tentes, lorsque la fatigue ou la chaleur leur commande le repos, souvent un d'eux se lève, et, comme nos bardes du Nord, commence à réciter avec enthousiasme les hauts faits des héros anciens, où l'éloge funèbre des braves morts aux combats. Soudain le sommeil a fui de leurs paupières, le cercle se forme, et chacun se presse autour du narrateur, « dont les paroles, disent-ils, coulent douces comme du miel; » rien alors ne peut les distraire, et le seul cri de guerre est capable de rompre le charme qui captive et maîtrise leur attention.

« Quant à l'auteur de l'ode que vous venez d'entendre, ajouta M. Marcel, ce n'est pas, comme vous le pensez bien, un de ces poëtes improvisateurs du désert. Il est originaire de Beyrouth en Syrie; il a reçu toute l'instruction qu'on peut acquérir aujourd'hui dans les contrées où règne l'islamisme; mais il a voyagé, il a étudié par lui-même, et ses connaissances littéraires sont infiniment plus étendues que je n'en ai trouvé jusqu'ici dans aucun homme du pays. »

Pendant cette conversation, qui m'avait beaucoup plus intéressé que celle d'avant le dîner, la musique avait recommencé; mais nous étions resserrés autour de M. Marcel, et, malgré les sons bruyants des instruments, nous ne perdions pas un mot de ses observations.

Enfin on apporta les sorbets, que, malgré leur réputation, je trouvai fades et peu agréables; puis, au moment de sortir, les domestiques reparurent et nous aspergèrent d'eau de rose; les musulmans s'en frottèrent la figure, la barbe et les mains; nous les imitâmes, et cette cérémonie, qui n'était pas la moins agréable de la soirée, étant terminée, nous rentrâmes chez nous bien et dûment rassasiés et parfumés.

CHAPITRE VI

Expédition de Desaix dans le Faïoum à la poursuite de Mourad-Bey. — Bataille de Sediman. — Défaite des mameluks. — Envoi de renforts à Desaix. — J'obtiens de faire partie de cette expédition. — Arrivée au Faïoum. — Le lac Mœris. — Le labyrinthe. — Route le long du canal d'Youssouf. — Marche vers la haute Égypte. — Ruines d'*Hermopolis Magna*. — Siout (Lycopolis). — Girgeh. — Tentative de Mourad pour s'emparer de la flottille française. — Desaix la fait échouer. — Bataille de Samnhoud. — Mourad-Bey est encore battu. — Suite de cette victoire. — Arrivée à Denderah (Tentyris.) — Temple d'Athor. — Le zodiaque circulaire de Denherad découvert par Desaix. — Observations de Desaix sur ce monument. — Prétendue antiquité du zodiaque. — Discussions à ce sujet. — Découverte qui fixe son origine. — Monuments égyptiens. — Preuve de la vérité des livres saints. — Arrivée à Thèbes. — L'armée salue les ruines de Thèbes. — Promenade nocturne au milieu des ruines. — Arrivée à Esneh. — Poursuite de Mourad jusqu'à l'extrémité de la haute Égypte. — Mon retour au Caire.

Nous avons dit qu'après la bataille des Pyramides Mourad-Bey s'était retiré sur la limite du Faïoum, province formée par un élargissement de la vallée du Nil entre le Caire et l'oasis de Jupiter Ammon, et qui dépend de l'Égypte moyenne, mais touche à l'Égypte supérieure. Pendant plus d'un mois, Desaix, campé à Giseh, avait dû se borner à contenir le bey; d'un autre côté, Bonaparte, à peine installé au Caire, semblait craindre de disposer des forces dont Desaix avait besoin pour prendre l'offensive, et surtout de se priver des services d'un de ses meilleurs lieutenants. Enfin, le 23 août, Desaix put partir à la tête d'environ trois mille combattants; mais Mourad avait su mettre à profit l'intervalle de repos qui venait de lui être laissé. Non-seulement il avait rallié autour de lui trois à quatre mille mameluks qui avaient survécu à leur première défaite et qui n'avaient pas accompagné Ibrahim en Syrie, mais encore il s'était renforcé de plusieurs tribus arabes du désert accourues pour combattre les infidèles, et, grâce à ces renforts, son armée ne comptait pas moins d'une douzaine de mille hommes. Il avait son camp à Behneseh, village situé à l'entrée du canal de Jussef, qui porte les eaux du Nil dans le Faïoum.

Desaix embarqua moitié de ses troupes; l'autre moitié longea la rive gauche du Nil malgré l'inondation, qui était alors dans sa plus grande crue, et qui obligea souvent nos soldats à marcher dans l'eau jusqu'à la ceinture. Après cinq jours de marche, la division arriva à Behneseh; Mourad n'avait point osé l'attendre; au premier bruit de l'approche des Français, il s'était retiré dans l'intérieur du Faïoum. Desaix n'hésita point à continuer de le poursuivre; mais le pays où Mourad venait de s'engager était d'un accès si difficile à cause du grand nombre de canaux et de lacs qu'on y rencontre, que plus de cinq semaines s'écoulèrent avant que nos troupes trouvassent la trace de l'ennemi. Ce ne fut que le 4 octobre qu'elles aperçurent pour la première fois un détachement de l'armée du bey.

Cent cinquante mameluks et autant d'Arabes occupaient un village nommé Bankiah; ils s'enfuirent à l'approche de nos soldats. Les jours suivants ils rencontrèrent encore des mameluks, mais en bien plus grand nombre et toujours refusant le combat, et s'éloignant quand nous avancions.

Cette retraite des mameluks était une ruse de Mourad pour attirer les Français dans le désert et les éloigner de leur flottille et de leurs provisions; Desaix avait trop d'expérience pour ne pas pénétrer ce dessein; aussi continua-t-il sa marche, se contentant de repousser l'ennemi quand il s'approchait de trop près, et ne le poursuivant pas au delà d'une certaine limite.

Enfin, le 8 octobre, Desaix apprit que Mourad se retranchait au village de Sediman, sur la lisière du désert près Illahon, à l'entrée du Faïoum; qu'il avait rassemblé là toutes ses ressources, tous les Arabes dévoués à sa cause, c'est-à-dire quatre à cinq mille mameluks et huit à dix mille Arabes; et que, comptant sur sa position et la force numérique de son armée, quatre fois plus nombreuse que les Français, il accepterait la bataille si elle lui était offerte. Il rangea aussitôt ses troupes en un grand carré principal, flanqué aux deux angles de face de deux autres petits carrés de deux cents hommes chacun. Dans cet ordre il marcha résolûment à l'ennemi.

Pour arriver aux mameluks il fallait traverser un bas-fond; à peine les Français furent-ils descendus dans cette vallée, que Mourad, saisissant habilement le moment favorable, vint tomber de toute sa masse sur le petit carré de droite. Le feu trop court et trop peu nourri du carré ne peut les arrêter; ils arrivent jusque sur les baïonnettes. Toutefois ils ne peuvent franchir cette barrière d'acier, et les balles du second et du troisième rang les foudroient, tandis que les baïonnettes du premier effraient et éventrent leurs chevaux. Alors ils retournent leurs chevaux et les font reculer dans l'espoir d'ouvrir les rangs par des ruades; tous leurs efforts sont vains. Enflammés de dépit, ils jettent sur leurs adversaires fusils, tromblons, haches, pistolets, masses d'armes, et jusqu'à leurs sabres, jusqu'à leurs poignards. Douze de nos soldats sont tués par ces projectiles d'un nouveau genre; plus de trente sont blessés grièvement, et les mameluks pénètrent enfin dans le carré. Mais alors, rien ne masquant plus le feu du grand carré, les mameluks sont foudroyés pendant que nos soldats se dégagent et rentrent dans ce carré non-seulement avec leurs blessés et leurs morts, mais encore avec les riches dépouilles des cavaliers ennemis restés sur le terrain.

Les mameluks se précipitent ensuite sur le petit carré de gauche ; mais une fusillade plus prompte et mieux nourrie que ne l'avait été celle du carré de droite les accueille et les repousse au premier choc. Mourad vient alors se mettre à leur tête, les groupe en une seule masse, et les conduit sur un même front du carré principal. On l'attend à bout portant, et l'intrépide Mourad est forcé de reculer ; plusieurs fois il revient à la charge, et à chaque tentative un feu meurtrier l'arrête et l'oblige à plier. Enfin il rassemble ses troupes, se retire à l'écart, et semble abandonner le champ de bataille, alors le vide qu'il forme démasque une batterie de huit pièces de canon disposées sur les retranchements du village. Le canon ne tarde pas à faire brèche dans la muraille vivante que la cavalerie n'a pu entamer ; c'était ce que Mourad avait prévu, et il attend l'instant favorable pour y pénétrer. Pour comble de malheur, les Français, qui se battaient depuis cinq heures du matin, avaient épuisé toutes leurs munitions. Ils allaient donc être écrasés par l'artillerie, sabrés par la cavalerie, sans pouvoir se défendre. Mais Desaix, par un de ces élans qui sont le propre des grands capitaines, échappe à une inévitable destruction et ressaisit la victoire près de lui échapper. Il donne ordre à ses grenadiers d'enlever à la baïonnette les retranchements et les batteries de l'ennemi ; aussitôt la charge sonne, les têtes s'exaltent; en un instant les retranchements sont escaladés, la batterie emportée, les canonniers tués sur leurs pièces, et les canons tournés contre les mameluks, qui n'ont pas eu le temps de s'opposer à une attaque aussi rapide que la foudre. Les Arabes, épouvantés, se dispersent de tous côtés, et les mameluks s'enfuient à toute bride dans le désert.

L'Égypte n'avait point encore vu d'action si chaude ni si meurtrière. Les résultats furent la séparation des Arabes d'avec les mameluks et la prise de possession du Faïoum, où Desaix alla s'établir et reposer quelques instants ses troupes.

En faisant connaître au général en chef le résultat brillant de sa campagne, Desaix demandait qu'on lui envoyât des renforts pour continuer sa marche vers la haute Égypte. Bonaparte fit droit à cette demande, et organisa un corps composé de trois cents fantassins tirés des dépôts de la division Desaix, de douze cents cavaliers, c'est-à-dire de toute la cavalerie montée que nous eussions alors en Égypte, et d'une batterie de six pièces de canon. Plusieurs membres de l'Institut et de la commission des arts demandèrent à faire partie de cette expédition, qui offrait aux amateurs d'antiquités une riche moisson à recueillir; car la haute Égypte a été beaucoup moins explorée que l'Égypte inférieure, et les monuments, quoique d'une plus haute antiquité, y sont beaucoup mieux conservés.

Moi aussi je désirais bien vivement visiter cette partie la plus intéressante de l'Égypte, et m'associer tout à la fois aux travaux et à la gloire de nos soldats et de nos savants; aussi je n'épargnai aucune sollicitation, aucune démarche pour obtenir cette faveur. Grâce à l'intervention du général Caffarelli-Dufalga et de quelques membres de l'Institut avec lesquels je m'étais lié, elle me fut accordée, mais temporairement et avec ordre de rejoindre mon corps dans les premiers jours de février. On verra plus tard pourquoi cette date m'avait été fixée.

Notre expédition se trouva prête vers le milieu de novembre, et nous partîmes sur une flottille qui devait nous conduire jusqu'au Faïoum. Nous étions sous les ordres du général Davout, chargé spécialement du commandement de la cavalerie. Je me trouvais embarqué sur le même bateau qui portait les membres de la commission, j'en connaissais déjà quelques-uns, et bientôt je fus lié avec tous, entre autres avec M. Denon, si célèbre par son goût pour les arts, et qui, malgré ses cinquante ans, montrait toute l'ardeur et toute l'activité d'un jeune homme.

Notre navigation jusqu'à ce que nous eûmes rejoint Desaix n'offrit rien de remarquable; aucun incident ne vint en interrompre la monotonie. Nous arrivâmes au Faïoum vers les derniers jours de novembre, après avoir quitté le Nil à *El-Kafr*, où se trouve une route qui conduit au Faïoum.

Le Faïoum était célèbre dans l'antiquité par ses vignes, le lac Mœris et le labyrinthe. Pendant les deux jours qui suivirent notre arrivée, nous recherchâmes les traces du lac Mœris et le labyrinthe. Quant au lac, il est difficile de pouvoir préciser l'emplacement qu'il occupait, si ce n'était pas celui où il existe actuellement le lac appelé par les Arabes Birket-el-Korn, comme le prétendent quelques savants. En effet, le Birket-el-Korn est situé dans un fond au-dessus de la plaine qui borde le Nil, et par conséquent ne pouvait y déverser ses eaux; tandis que le lac Mœris, pour atteindre le but pour lequel il avait été construit, devait être établi au-dessus du niveau de cette plaine (1). Ce raisonnement paraît concluant ; mais il faut attendre que quelque découverte vienne lui donner la force d'une démonstration.

Nous fûmes plus heureux relativement au labyrinthe, dont l'emplacement est marqué par la pyramide de Howara. Cette pyramide est dans un état fort délabré, parce qu'on en a retiré des pierres pour bâtir une partie des maisons de Medineh. Les restes du labyrinthe consistent dans quelques fragments de colonnes en granit rouge et en blocs de calcaire compacte.

Le troisième jour après notre arrivée, Desaix donna l'ordre de reprendre l'offensive, et nous remontâmes par terre la rive droite du canal d'Youssouf, qui ressemblait en ce moment aux plus belles parties du cours de la Seine. La terre était couverte de fruits ; les pois, les fèves étaient en graines, les orangers en fleur. Le pays entre le canal et le Nil est le plus beau qu'on puisse voir. Les villages y étaient si nombreux, qu'on en découvrait trente à quarante à l'œil nu.

Mourad-Bey, quoiqu'il eût reçu des renforts considérables, surtout en Arabes d'Yambo et de la Mecque, se refusait à tout combat, et continuait sa marche vers la haute Égypte ; nous continuâmes à le poursuivre vivement.

Le 20 décembre nous arrivâmes à Minieh, ville assez grande et assez belle, située sur la rive gauche du Nil. On y trouve quelques vestiges d'architecture gréco-romaine.

Le lendemain nous couchâmes à Melaoui-el-Arich.

(1) Sous le règne de Méhémet-Ali, un savant français, M. Linant, a retrouvé les traces de ce gigantesque réservoir, et a reconnu et suivi les contours de la digue qui l'entourait.

C'est une ville plus jolie que Menieh ; mais je m'arrêtai peu à la considérer, et je m'empressai de suivre M. Denon et les autres membres de la commission qui allaient visiter les ruines d'*Hermopolis Magna,* situées à quelque distance. Les grandes masses de ces ruines me donnèrent la première image de la splendeur de l'architecture colossale des Égyptiens ; mais le temps ne nous permit pas d'étudier en détail ce qui reste de ces immenses édifices, dont chaque pierre semble porter écrits ces mots : *postérité, éternité.*

Le 24, nous arrivâmes à Siout (la *Lycopolis* des anciens). C'est une ville assez considérable, bien construite, et remarquable par ses bains, ses bazars et quelques mosquées. On trouve dans les anciens tombeaux du voisinage des momies de loups et de chacals, ce qui explique le nom de Lycopolis (ville des loups). A partir de Siout, la chaîne libyque se dirige vers l'est ; dans l'angle qu'elle fait au-dessus de cette ville on nous montra plusieurs cavernes taillées dans le roc qui servaient primitivement de lieux de sépulture aux habitants de Lycopolis. Dans les premiers siècles du christianisme, ces grottes furent habitées par de pieux solitaires, comme la plupart des autres grottes de la Thébaïde.

Le 29, nous étions à Girgeh, ville d'origine chrétienne ; elle doit son nom à saint Georges, patron des chrétiens de l'Égypte. Nous étions alors à cent lieues du Caire, et chacun de nos jours de marche avait été marqué par quelque escarmouche avec des partis de Mourad-Bey, mais sans avoir pu atteindre le gros de son armée, qui chaque matin nous laissait la place qu'elle avait occupée le soir précédent.

Desaix voulut faire reposer son armée à Girgeh pendant quelques jours ; elle en avait grand besoin après une marche si longue et si pénible. Il voulait aussi profiter de ce séjour pour faire à ses soldats une distribution de chaussures, car leurs souliers s'étaient usés facilement en cheminant toujours sur le sable ; mais il fallait pour cela attendre l'arrivée de la flottille, retenue vingt lieues en arrière par les vents contraires. Mourad-Bey, ayant appris cet incident, conçut le projet de s'emparer de la flottille française par un coup de main, ce qui ferait échouer ou retarderait la marche de Desaix. Mourad chargea de cette entreprise Osman, un de ses meilleurs cachefs. Celui-ci exécuta avec intelligence les ordres de son maître ; il fit un grand détour avec trois cents mameluks, et se rendit par le désert derrière notre armée, intercepta la communication entre Siout et Girgeh, souleva les populations en les animant par l'espérance de trouver des richesses immenses dans les bâtiments de la flottille.

Mourad-Bey pensait que Desaix, en apprenant cette nouvelle, rétrograderait pour porter secours à la flottille ; alors il le poursuivrait, le harcèlerait avec le gros de son armée, et le placerait ainsi entre son feu et celui de l'insurrection allumée par Osman. Mais Desaix déjoua encore le plan de son adversaire ; il prit le parti de rester à Girgeh avec son infanterie, et d'envoyer le général Davout avec douze cents chevaux et six pièces de canon, pour rouvrir ses communications.

Davout réussit complétement dans cette mission : parti dans les premiers jours de janvier, il dispersa les mameluks d'Osman, soumit les villes et les villages insurgés, les désarma, et rétablit la communication avec la flottille, qui, le 17 janvier, profitant d'un bon vent du nord, vint mouiller à Girgeh, à la gauche de notre camp.

L'échec qu'il venait de subir ne déconcerta pas Mourad ; à peine eut-il appris l'insuccès du plan qu'il avait conçu, qu'il en forma un autre plus hardi. Au lieu de fuir devant son adversaire comme il avait fait jusqu'alors, il résolut de se porter sur ses derrières et de s'emparer de Girgeh lorsque Desaix l'aurait abandonné ; il se serait fortifié dans cette ville, aurait ranimé l'insurrection, forcé Desaix à retourner sur ses pas et à engager un combat de maison à maison dont Mourad espérait un heureux résultat. A cet effet il se tint dans le désert, sur la rive gauche du canal de la haute Égypte, attendant l'instant où Desaix quitterait Girgeh pour courir s'en emparer.

Nous partîmes de Girgeh le 20 janvier, et notre armée s'avança entre le Nil et le canal. Le 22, à la pointe du jour, nous rencontrâmes l'armée de Mourad au village de Samnhoud ; nous n'en étions séparés que par le canal, qui était à sec. De part et d'autre on se prépara aussitôt au combat. L'armée ennemie, grossie par les Arabes d'Yambo, par des Nubiens et des Maugrabins, était bien plus nombreuse encore qu'à Sediman ; mais la discipline l'emporta encore sur le nombre, et le sang-froid sur l'impétuosité. Comme dans toutes les affaires précédentes, les ennemis vinrent se faire écraser contre les carrés français ; mais avec cette différence, que, quand ils eurent été repoussés par la mousqueterie et la mitraille, ils furent vigoureusement chargés par Davout et toute la cavalerie française. Cette charge fut tellement impétueuse, que Mourad-Bey lui-même et ses principaux officiers eurent peine à échapper. Nos troupes poursuivirent les fuyards pendant plus de six heures, et ne s'arrêtèrent que de lassitude au village de Farchou.

La victoire de Samnhoud livra le Saïd à Desaix, de même que celle de Sediman lui avait livré le Faïoum. A partir du lendemain 23, Mourad et les quelques beys qui suivaient encore sa fortune, coupés les uns des autres, furent réduits à recommencer la guerre de partisans. Ils continuèrent à déployer une infatigable activité; néanmoins leurs efforts ne tendirent plus qu'à se réunir, comme ceux des généraux français qu'à les tenir séparés. Malgré leur parfaite connaissance du terrain, ils ne purent opérer de jonction complète, et furent battus dans toutes les rencontres.

Mourad-Bey continua sa retraite en remontant le Nil. Les Arabes d'Yambo le quittèrent pour regagner la mer Rouge par Cosséir. Desaix, qui avait résolu de n'accorder aucune trêve à Mourad ni aux mameluks tant qu'il ne les aurait pas complétement expulsés du territoire égyptien, se mit sur-le-champ à leur poursuite.

Le 23, nous arrivâmes à Denderah, l'ancienne Tentyris, célèbre par le magnifique temple d'Alhor, dont le portique subsiste encore avec ses huit colonnes, brillantes de couleurs que le temps n'a pas effacées, et surmontées de leurs chapiteaux étranges, formés par des têtes de femmes à oreilles de génisse. Derrière le grand temple est le temple d'Isis, non moins remarquable par son architecture. M. Denon, que j'accompagnais dans cette première visite à Denderah, rend compte ainsi des impressions qu'il éprouva, et qui furent partagées par le plus grand nombre d'entre nous : « Denderah m'apprit que ce n'était pas dans les seuls ordres dorique, ionique et corinthien, qu'il faut chercher la beauté de l'architecture; que la beauté existait partout où existait l'harmonie des parties. Le matin m'avait amené à ces édifices, le soir m'en arracha plus agité que satisfait. J'avais vu cent choses, mille m'étaient échappées : j'étais entré pour la première fois dans les archives des sciences et des arts. J'eus le pressentiment que je ne devais rien voir de plus beau en Égypte, et vingt voyages que j'ai faits depuis à Denderah m'ont confirmé dans la même opinion. Les sciences et les arts, unis par le bon goût, ont décoré le temple d'Isis ; l'astronomie, la morale, la métaphysique, ici ont des formes, et ces formes décorent des plafonds, des frises, des soubassements, avec autant de goût et de grâce que nos sveltes et insignifiantes arabesques enjolivent nos boudoirs. »

Desaix, qui aux qualités brillantes d'un grand capitaine joignait l'instruction d'un savant et le goût qui distingue un ami des arts, vint avec ses officiers visiter aussi ces ruines. Il s'entretint familièrement avec nous, nous demandant compte des observations que nous avions faites avant son arrivée, et nous faisant part lui-même de ses remarques, toutes empreintes d'une justesse et d'une sagacité remarquables. Ainsi, parmi les ornements qui décorent le portique du grand temple d'Alhor, il en signala un qui avait échappé jusque-là aux investigations des antiquaires anciens et modernes : c'est un zodiaque circulaire où, au milieu de figures hiéroglyphiques et de représentations de divinités égyptiennes, on distingue parfaitement les douze signes, dans l'ordre même où nous les plaçons : le bélier, le taureau, les gémeaux, le cancer, le lion, la vierge, la balance, le scorpion, le sagittaire, le capricorne, le verseau et les poissons (1). Cette découverte, qui devait

(1) Le zodiaque circulaire de Denderah a été effectivement découvert par Desaix.

pendant un grand nombre d'années donner lieu à de longues discussions, fut à l'instant même le sujet d'observations remarquables de la part de Desaix, observations qui me frappèrent sur le moment et que je n'ai jamais oubliées.

Un des savants qui se trouvaient parmi nous, et qui était renommé par ses connaissances astronomiques, interrogé par le général sur ce qu'il pensait de ce zodiaque, répondit qu'il était nécessaire de l'examiner avec plus de soin et de réflexion qu'on ne pouvait le faire en quelques instants, pour asseoir une opinion positive sur son origine et sur sa signification astronomique; mais que ce qu'il en avait vu lui suffisait pour y trouver une nouvelle preuve que l'antiquité du peuple égyptien devait être reportée au delà de toutes les limites connues, et que probablement le zodiaque de Denderah deviendrait bientôt une preuve écrite, irréfutable, de la fausseté de la chronologie adoptée sur l'autorité de Moïse et de la Bible.

Desaix, malgré les temps malheureux où il avait vécu, avait toujours conservé des principes religieux, et jamais le flambeau de la foi ne s'était éteint en lui; il parut peu satisfait des réflexions de l'astronome, et il lui répondit avec un sourire légèrement ironique : « Je n'ai pas l'honneur d'être astronome, et cependant je ne saurais adopter votre conclusion, qui tendrait à attaquer la véracité de nos livres sacrés. J'ai toujours pensé, comme ce philosophe anglais, qu'un peu de science éloignait de la foi, et que beaucoup de science y ramenait. Peut-être un jour, quand vous aurez examiné ce zodiaque plus complétement, plus attentivement que vous ne l'avez pu faire aujourd'hui, serez-vous le premier à reconnaître que vous étiez dans l'erreur. Pour moi, une chose m'a frappé dans l'examen superficiel que j'en ai fait : c'est que ce zodiaque ne me paraît nullement d'origine égyptienne ; car les signes qui y sont employés représentent des saisons qui n'appartiennent pas aux climats de l'Égypte, et qui conviennent parfaitement aux climats septentrionaux de l'Europe. Je ne prendrai pour exemple que le signe du verseau, ainsi nommé parce qu'au mois de janvier, époque à laquelle le soleil entre dans ce signe, le ciel verse ses eaux en plus grande abondance dans nos climats ; aussi, dans notre nouveau calendrier républicain, avons-nous donné à ce mois le nom de *pluviôse* ; mais en Égypte, où il ne pleut presque jamais, ce mois, où nous nous trouvons maintenant, est peut-être le plus sec de toute l'année. J'en citerai encore un exemple : le signe de la *vierge*, tenant à la main une poignée d'épis, comme vous la voyez représentée, indique l'époque de la moisson, *messidor* ou le mois d'août ; mais en Égypte la moisson se fait quatre mois plus tôt ; ainsi ce signe, pas plus que le verseau, ne peut avoir reçu son nom des Égyptiens. Je conclus de là que le zodiaque tel qu'il est ici représenté, loin d'avoir été porté d'Égypte en Europe, a, au contraire, été importé d'Europe en Égypte. A quelle époque ? je l'ignore ; mais je pense que cela se découvrira tôt ou tard. En attendant, Monsieur, continua Desaix, toujours avec son même sourire, je vous livre ces réflexions d'un profane pour ce qu'elles valent. » Et, saluant de la main son interlocuteur et tout le groupe qui l'entourait, il se retira.

Après son départ, notre savant ne manqua pas de dire que les objections du général n'avaient rien de sérieux, et ne détruisaient en rien son opinion sur l'antiquité de ce monument. Pour moi, je fus de l'avis du général ; je présentai d'autres observations à l'appui des siennes ; notre discussion se prolongea une partie de la journée, et nous nous séparâmes, comme il arrive ordinairement, en conservant chacun notre opinion.

Cependant durant bien des années encore l'opinion du savant de la commission d'Égypte fut celle de tous les écrivains soi-disant philosophes de notre siècle ; quand on voulait parler de l'authenticité des livres de Moïse, on vous jetait à la face le zodiaque de Denderah comme un démenti péremptoire donné à la chronologie sacrée. Enfin, ce fameux zodiaque fut acheté fort cher sous la Restauration, et transporté à grands frais à Paris, où l'on peut le voir dans une des salles de la Bibliothèque impériale. A son arrivée en France, ce monument devint le sujet de débats très-vifs, auxquels se mêlèrent les passions de l'époque. Enfin la science, à force de recherches, à force de travaux, était parvenue à découvrir la clef des hiéroglyphes et de l'alphabet vulgaire égyptien ; on put alors puiser avec plus de sûreté dans ces annales écrites sur la pierre en caractères ineffaçables. Or voici ce qu'on a trouvé en ce qui concerne Denderah et ses deux zodiaques (car il y en a deux : l'un qui est resté en place, l'autre qui est à Paris), c'est que l'un et l'autre remontent au temps de la domination romaine en Égypte ; que le premier date du temps de Tibère, et le second du temps de Néron (1). Ainsi se trouva justifiée l'opinion de Desaix, et ce fameux zodiaque, qui devait être plus ancien que la création du monde (d'après la Bible), se trouve être postérieur à l'ère chrétienne ! Quant au

(1) Ces dates résultent positivement d'une inscription grecque trouvée en 1821 par M. Letronne, et restée jusqu'alors inaperçue.

temple lui-même, il a été reconnu que sa partie la plus ancienne appartenait au règne de Cléopâtre et de Ptolémée Césarion; ils y sont figurés de proportion colossale, et les noms de Cléopâtre et de Ptolémée César, qui se lisent dans les inscriptions qui accompagnent ces tableaux historiques, ne laissent aucun doute à ce sujet.

Ce sont là les derniers restes de la grandeur égyptienne. Depuis la destruction définitive de la race de ses Pharaons par un conquérant étranger, l'Égypte, accoutumée à l'obéissance, écrivit sur ses monuments et dans ses annales publiques le nom d'Auguste et celui de ses successeurs, à la suite des noms de Cambyse, de Darius, d'Alexandre et des Ptolémées. Elle a vérifié ainsi, même jusqu'à nos jours, cette prophétie d'Ézéchiel, qui ne lui laissait plus l'espérance de voir sur son trône des princes d'origine égyptienne : *Et dux de terra Ægypti non erit amplius.* Ainsi les monuments de l'Égypte, comme nous aurons encore plus d'une fois occasion de le remarquer, confirment partout, loin de la contredire, la vérité des traditions sacrées.

Le 24 janvier, nous nous mîmes en route de bonne heure. Nous laissâmes à notre gauche Keneh, ville construite sur l'emplacement de *Cœnopolis*. Après avoir doublé le promontoire de la chaîne libyque qui s'avance dans la vallée du Nil, un spectacle inattendu vint frapper l'armée tout entière d'étonnement et d'admiration. Sur les deux côtés du fleuve, les regards embrassèrent une immense étendue de terrain couverte de pyramides, d'obélisques, de colonnes, de portiques, de sphinx et de constructions de toute nature, toutes gigantesques, toutes à moitié détruites et renversées. Quand nous approchâmes de ces ruines, le soleil couchant, qui projetait ses rayons de pourpre et d'or sur ces magnifiques débris, semblait leur rendre leur ancien éclat.

L'armée s'arrêta en silence, et le général, comprenant l'impression que faisait sur elle un spectacle si nouveau, s'écria d'une voix tonnante : « Soldats, vous « voyez devant vous les restes d'une ville autrefois « puissante et célèbre ; elle n'est plus aujourd'hui « qu'un vaste tombeau, mais encore rempli de souve- « nirs de gloire. Que l'armée française salue les ruines « de *Thèbes !* » A ces mots il fait un signal, les tambours battent aux champs, et l'armée fait le salut militaire à la ville de Thèbes aux cent portes ! Puis les troupes défilèrent et vinrent camper au milieu des ruines.

Malgré la fatigue des jours précédents, je dormis peu cette nuit, tant mon esprit était agité par les pensées qu'avait fait naître en moi l'aspect de cette ville immense, sans autres habitants que les animaux sauvages, dont les repaires se cachaient au milieu des palais et des temples abandonnés.

Les nuits sont longues dans ces contrées méridionales, et l'aurore précède de peu d'instants le retour du soleil. Fatigué de ne pouvoir dormir, j'allai trouver M. Denon, et je lui proposai de profiter d'un beau clair de lune et de la fraîcheur de la nuit pour visiter quelques-uns des monuments gigantesques qui s'élevaient çà et là autour de nous.

« Je ne demande pas mieux, me répondit-il ; les mêmes pensées m'ont empêché, comme vous, de me livrer au sommeil ; partons, le silence de la nuit est favorable pour méditer sur le silence des tombeaux. » Et aussitôt nous nous mîmes en route.

A peine avions-nous fait quelques pas, que nous

aperçûmes plusieurs personnes qui s'avançaient aussi au milieu des ruines. Bientôt nous nous reconnûmes mutuellement : c'était le général Desaix, accompagné de quelques officiers et de deux ou trois membres de la commission des arts.

« Je devine, dit-il en abordant M. Denon, ce qui vous attire au milieu de la nuit dans les rues désertes de cette vaste cité ; moi aussi j'ai désiré visiter ces ruines ; si vous voulez venir avec nous, nous ferons ensemble des recherches et des observations, autant toutefois que l'obscurité et le peu de temps que nous pouvons y consacrer nous le permettront. »

Nous profitâmes de l'invitation du général, et, réunis à sa suite, nous continuâmes notre promenade nocturne. A mesure que nous avancions, nous marchions, pour ainsi dire, de merveilles en merveilles. Là on apercevait un colosse qu'on ne pouvait mesurer que de l'œil et d'après l'étonnement qu'il causait. A droite, des montagnes creusées et sculptées ; à gauche, des temples que l'éloignement faisait ressembler à des rochers; puis d'autres palais, d'autres temples encore. J'étais parfois tenté de me retourner pour chercher machinalement ces cent portes, expression poétique dont Homère a voulu d'un seul mot nous peindre cette ville superbe, chargeant le sol du poids de ses portiques, et dont la largeur de l'Égypte pouvait à peine contenir l'étendue.

Après avoir longtemps marché en silence, occupés chacun de nos propres pensées, le général s'arrêta à l'extrémité d'une espèce d'avenue connue sous le nom de l'Allée des Sphinx, et s'étant assis sur le tronc d'une colonne renversée, il nous engagea à l'imiter et à prendre pour siéges d'autres blocs épars, et qui formaient en cet endroit une espèce d'enceinte circulaire. Alors Desaix s'adressant au docteur ***, un des meilleurs médecins de l'armée et en même temps un des savants les plus distingués de la commission : « Pourriez-vous nous dire, docteur, lui demanda-t-il, si ce que nous apercevons d'ici était jadis un temple ou un palais? » Et de la main il désignait un édifice dont il ne restait debout que quelques portiques précédés de plusieurs obélisques et une grande quantité de colonnes plus ou moins mutilées.

Le général Desaix avait pour le docteur une profonde estime, non-seulement à cause de la variété et de l'étendue de ses connaissances, mais aussi à cause de la conformité de ses principes religieux avec les siens; car le docteur était resté chrétien, comme Desaix, en dépit de la révolution, et peut-être doit-on ajouter en dépit de leur profession respective.

« Général, répondit le docteur, il serait aussi difficile de répondre d'une manière satisfaisante à votre question que de vous dire, en voyant une partie des os d'un squelette humain, si l'individu auquel ils ont appartenu était de son vivant roi, prêtre ou berger. Le temps et la mort effacent tout. Ce théâtre de désolation et de ruines me rappelle ces vers de Racine le fils, que je vous demanderai la permission de réciter avec une légère variante: on ne saurait mieux exprimer les réflexions que fait naître le tableau qui s'offre à nos regards :

> Peuples, rois, vous mourez, et vous, villes aussi.
> Là gît *Ptolémaïs*, et *Thèbes* fut ici.
> Quels cadavres épars dans l'*Égypte* déserte (1) !

(1) Il y a dans le texte ;

> Là gît Lacédémone, Athènes fut ici.
> Quels cadavres épars dans la Grèce déserte !

> Et que vois-je partout? La terre n'est couverte
> Que de palais détruits, de trônes renversés;
> Que de lauriers flétris, que de sceptres brisés.
> Où sont, fière Memphis, tes merveilles divines?
> Le temps a dévoré jusques à tes ruines.
> Que de riches tombeaux élevés en tous lieux,
> Superbes monuments qui portent jusqu'aux cieux
> Du néant des humains l'orgueilleux témoignage? »

Le docteur se tut après avoir récité ces vers d'une voix grave et solennelle. Il se fit un grand silence au milieu de nous tous qui ne rêvions que la gloire, qui venions la chercher sur cette terre lointaine, où nous trouvions en ce moment une si terrible leçon de la vanité des grandeurs humaines.

Le général paraissait surtout profondément ému. Le premier il rompit le silence, et d'une voix empreinte d'une gravité triste il engagea avec le docteur la conversation suivante.

« C'est pourtant, dit Desaix, quelque chose de bien désolant, de bien amer à la pensée, de voir que tant de monuments élevés à la gloire des rois, des héros, des hommes illustres de ces temps reculés, que tant d'efforts, dis-je, pour conserver leur mémoire aient été inutiles et n'aient pu atteindre le but que leurs auteurs s'étaient proposé.

— Et cependant, reprit le docteur, jamais peuple, ni dans l'antiquité, ni dans les temps modernes, n'a été aussi ingénieux que celui-ci à donner un caractère de durée à tout ce qu'il faisait. Il ne se contentait pas d'élever des statues colossales, d'immenses tombeaux aux hommes illustres dont il voulait perpétuer le souvenir, ni d'employer pour ces travaux les matériaux les plus durs et les plus inaltérables; il avait encore trouvé le secret d'embaumer et de préserver à jamais de la corruption les restes mêmes de ces hommes vénérés. Comment ceux-ci auraient-ils pu craindre d'échapper à l'oubli? »

« Les poëtes, les orateurs, les historiens, sans doute, et tous les flatteurs qui ne manquent jamais d'entourer les hommes puissants, leur promettaient l'immortalité dans des poëmes, dans des discours qui devaient durer plus longtemps que les pyramides elles-mêmes. Et l'on ne se contentait pas d'écrire ces éloges fastueux sur les feuilles trop fragiles du papyrus; mais pour les rendre en quelque sorte ineffaçables, on les gravait en caractères profonds sur le marbre et sur le granit; on les sculptait sur les monuments publics, on en revêtait l'extérieur et l'intérieur des tombeaux. Ce n'est pas tout : ce peuple, chez qui les arts chimiques avaient fait des progrès que sous plus d'un rapport nous n'avons pas encore atteints, avait trouvé le secret merveilleux de composer des couleurs que le temps ne pouvait altérer et qui brillent encore aujourd'hui du plus vif éclat; d'habiles artistes, à l'aide du pinceau, traçaient ces mêmes éloges sur les enveloppes et jusque sur les bandelettes qui recouvraient ces corps devenus incorruptibles. Et tant de précautions, tant d'efforts pour vivre dans la postérité ont cependant été vains!

« Ce ne sont pourtant pas les monuments ni les inventions des arts qui ont failli les premiers à leur destination : un grand nombre de ces monuments sont encore debout et étalent leurs inscriptions parfaitement conservées; les ruines de ceux qui sont tombés conservent pour la plupart les caractères que le burin ou le pinceau y a jadis tracés; les couleurs qui recouvrent les enveloppes des momies ont conservé leur éclat primitif. D'où vient donc que l'histoire de tant de héros et de grands capitaines est à jamais perdue? d'où vient que leur nom lui-même n'est plus aujourd'hui qu'une énigme? D'une circonstance qu'ils n'avaient pas prévue : c'est que la langue dans laquelle sont écrites ces pages destinées à l'immortalité est elle-même complétement morte et effacée de la mémoire des hommes, et que ces caractères les mieux conservés n'offrent plus maintenant à nos yeux qu'un assemblage de figures bizarres incapables de réveiller en nous aucune idée (1). C'est ainsi que la sagesse divine se joue des projets enfantés par l'orgueil humain, et renverse d'un souffle les savantes combinaisons du génie et les merveilleuses créations de la science et des arts.

— Savez-vous, docteur, reprit Desaix, que vos réflexions sont bien décourageantes, et qu'elles tendraient à nous désenchanter de la gloire, à laquelle nous autres soldats nous sacrifions notre repos et notre vie?

— Ce serait là sans doute, repartit le docteur, la conclusion qu'on en devrait tirer si une gloire vaine et futile était le seul mobile de vos actions, le seul aiguillon de votre courage; mais quand on y joint l'idée de l'accomplissement de ses devoirs envers la patrie, et surtout ces vertus dont l'exercice est si rare et pourtant si noble et si beau dans votre état, telles que la justice, l'humanité, le désintéressement, on est assuré alors de trouver dans le témoignage de sa conscience et dans l'approbation de l'Être infini, qui d'un seul de ses regards

---

(1) Il faut se rappeler que cette conversation avait lieu longtemps avant les travaux de M. Champollion le jeune, qui a retrouvé en partie la clef des hiéroglyphes, ou du moins qui est parvenu à les déchiffrer d'après l'inscription de Rosette et d'autres monuments écrits en grec et en langue égyptienne ancienne. Mais la découverte de M. Champollion est encore imparfaite, et a besoin d'être complétée par des recherches ultérieures.

pénètre nos plus secrètes pensées, une récompense plus solide et plus durable que toutes celles qui peuvent nous être décernées par les hommes.

— Vous avez raison, docteur, et vous parlez en sage; mais nous autres guerriers nous ne saurions que difficilement nous élever à cette philosophie toute chrétienne, et il nous est pénible de penser qu'un jour peut-être il en sera des grandeurs de notre patrie comme de celles que nous voyons ici détruites et renversées. De même que nous, habitants d'une contrée inconnue de ces peuples anciens et plongée dans la barbarie quand cette ville était riche et florissante, nous enfants d'une civilisation nouvelle, nous foulons aux pieds les restes d'une civilisation qui n'est plus et dont les mystères se dérobent à nos curieuses investigations; de même un temps viendra, dans la suite des siècles, où quelque voyageur arrivant des extrémités du monde et appartenant à un peuple qui n'existe pas encore, parlant une langue qui non plus n'est pas née, abordera dans l'Europe, dans notre France peut-être, devenue déserte et sauvage à son tour, et, promenant ses pas sur les ruines de nos cités, cherchera en vain la place où existaient le Louvre et les Tuileries, et demandera, comme je le faisais tout à l'heure, si ces débris épars appartenaient à un temple ou à un palais. C'est donc là que doivent aboutir tant d'efforts et de sacrifices : la destruction et l'oubli !...

Le général s'était levé en prononçant ces dernières paroles; puis, après un moment de silence, il ajouta : « Oui, encore une fois, docteur, vous avez raison : il n'y a rien de durable que la vertu, rien d'éternel que Dieu !... »

A ces mots il prit le bras du docteur et continua sa

promenade. Nous les suivîmes pêle-mêle en échangeant par intervalles quelques réflexions à voix basse.

Bientôt les premières lueurs du matin brillèrent à l'horizon; la diane battit dans le camp; le bruit des tambours et le son des trompettes nous arrachèrent aux préoccupations qui remplissaient notre esprit, et nous rappelèrent aux soins et aux travaux de notre situation actuelle. Quelques instants après, l'armée continuait de remonter la vallée du Nil, à la poursuite de Mourad-Bey.

Le 25, nous couchâmes au détroit des *Deux-Montagnes*, et le 26, à Esneh, l'ancienne *Latopolis*. On y voit un temple qui est regardé comme une des plus parfaites productions de l'art chez les Égyptiens. Entre Esneh et Syène, qui est la dernière ville de l'Égypte méridionale, s'étend un pays à moitié désert dans lequel Mourad espérait enfin trouver le repos. Ce pays est occupé par les Barabras, qui passent pour les descendants des anciens Égyptiens. Desaix le relança jusque dans cette retraite, et occupa successivement Ebfou (l'ancienne *Apollinopolis Magna*), Syène et les îles de Philæ et d'Éléphantine, situées près des cataractes du Nil. Mais, à mon grand regret, je ne pus suivre l'armée dans cette expédition. Mon congé était expiré, et je partis d'Esneh avec un détachement chargé d'escorter des malades et des blessés évacués sur le Caire. Cependant je ne disais pas adieu à la haute Égypte, et je m'étais bien promis d'y revenir pour visiter avec plus de détail les immenses richesses archéologiques qu'elle renferme, et que je n'avais fait, pour ainsi dire, qu'entrevoir.

CHAPITRE VII

Préparatifs de la Porte Ottomane contre l'Égypte. — Situation critique des Français. — Bonaparte projette de prévenir l'ennemi. — Plan gigantesque de Bonaparte. — L'expédition de Syrie est résolue. — Formation du corps expéditionnaire. — Départ de l'armée. — Prise d'El-Arich. — Départ de cette place. — Arrivée à Kan-Younes. — Entrée en Palestine. — Souvenirs que me rappelle la vue de ce pays. — Aspect de la plaine et des coteaux. — La pluie. — Arrivée à Gaza. — Soumission de la ville. — Gaza, ville des Philistins. — Souvenirs de Samson. — Départ de Gaza. — Ramleh. — Je m'approche jusqu'à trois lieues de Jérusalem. — Arrivée devant Jaffa. — Attaque de cette ville. — Elle est prise d'assaut. — Horrible massacre. — Prisonniers fusillés. — Apparition de la peste. — Terreur de l'armée. — Bonaparte visite l'hôpital des pestiférés.

Tandis que Desaix achevait la conquête de la haute Égypte, et que Bonaparte au Caire s'occupait avec activité de l'organisation du pays, la Porte Ottomane, excitée par les Anglais, se préparait à nous faire la guerre et à nous enlever le fruit de nos victoires. Deux armées, chacune de cinquante mille hommes, se réunissaient, l'une à Rhodes, l'autre en Syrie; elles devaient agir simultanément dans le courant du mois de juin 1799. La première devait débarquer à Damiette ou à Aboukir; la seconde, traverser le désert de Gaza à Salahieh, et marcher sur le Caire. Dans les premiers jours de janvier 1799, on apprit que quarante pièces de canon et deux cents caissons de campagne étaient arrivés de Constantinople à Jaffa. Des magasins considérables de biscuit, de poudre, d'outres pour porter l'eau à travers le désert, étaient réunis à Jaffa, à Ramleh, à Gaza. Quatre mille hommes de l'armée de Djezzar, pacha de

Saint-Jean-d'Acre, s'étaient emparés d'El-Arich, forteresse et oasis située dans le désert qui sépare la Syrie de l'Égypte. Abdallah, son général, était à Gaza avec huit autres mille hommes; il attendait dix mille hommes de Damas, huit mille de Jérusalem, dix mille d'Alep, et autant de la province de l'Irach.

Ces nouvelles, connues des mamelůks, les avaient empêchés de se soumettre; car, après la bataille de Sediman, des négociations avaient été ouvertes avec Mourad-Bey; il paraissait disposé à faire la paix, et même à s'allier aux Français, quand les émissaires de Djezzar-Pacha vinrent lui annoncer les préparatifs qui se faisaient contre les infidèles, et le déterminèrent à continuer les hostilités.

La situation des Français sur les bords du Nil devenait extrêmement critique. Séparés de la France par six cents lieues de mer, ne pouvant en recevoir de secours en raison du blocus de tous les ports égyptiens par les escadres anglaises, ils se voyaient exposés à être assaillis par toutes les forces de l'Orient, soutenues par la marine de l'Angleterre, et ils n'étaient au plus que trente mille hommes, disséminés dans un espace de deux cents lieues, pour faire face à tant de périls.

Bonaparte résolut, selon son usage et comme les règles de la guerre le lui prescrivaient, de déconcerter son ennemi par une offensive soudaine, de franchir le désert avant les grandes chaleurs, de s'emparer des immenses magasins que l'ennemi avait formés sur les côtes de la Syrie, d'assaillir et d'exterminer les troupes ennemies au fur et à mesure qu'elles se rassembleraient.

D'après cette tactique, les divisions de l'armée de

Rhodes étaient obligées de voler au secours de l'armée syrienne, l'Égypte n'était pas même attaquée, et Bonaparte pouvait ainsi appeler successivement la plus grande partie de ses forces en Syrie. S'il brusquait l'assaut de Jaffa, d'Acre et de quelques places mal fortifiées, il pourrait en peu de temps ajouter la conquête de la Syrie à celle de l'Égypte. Maître une fois de la Syrie, peut-être verrait-il alors se ranger sous ses drapeaux non-seulement les nombreux chrétiens répandus dans toute la contrée, et parmi lesquels il avait déjà des intelligences, mais encore les Druses, peuplades qui habitent le revers du mont Liban et dont la religion se rapproche beaucoup de celle des chrétiens ; mais aussi les Mutualis, mahométans appartenant à la secte d'Ali, et ennemis jurés des Turcs ; puis les Arabes du désert de l'Égypte ; puis Mourad et Ibrahim eux-mêmes avec leurs mameluks ; et l'élan se communiquerait à toute l'Arabie. En effet, les provinces de l'empire ottoman qui parlent arabe appelaient de leurs vœux quelque grand changement, et n'attendaient qu'un homme pour reconstituer la nationalité arabe. Bonaparte serait cet homme ; il s'élancerait des bords du Nil à ceux de l'Euphrate ; il serait sur ce fleuve au milieu de l'été avec cent mille auxiliaires, qui auraient pour réserve vingt-cinq mille vétérans français, c'est-à-dire les meilleurs soldats du monde, et un formidable train d'artillerie. Constantinople se trouvant ainsi menacée, il n'aurait aucune peine à rétablir d'amicales relations avec la Porte ; il franchirait le désert et marcherait sur l'Inde à la fin de l'automne. Là il trouverait pour auxiliaires Tipoo-Saïb, les Mahrattes, les Seïks, et d'autres peuples guerriers avec lesquels il accomplirait la conquête de l'Inde et en chasserait les Anglais. Qu'un tel plan fût ou non exécutable, toujours est-il que la tête de Bonaparte l'avait conçu, et que son ardente imagination le caressait avec amour (1). Or, quand on songe aux grandes choses que la fortune lui a permis de faire, qui oserait taxer aucun de ces projets de témérité ou d'extravagance? Si, à l'époque où il méditait ce plan gigantesque, il en eût fait part à l'un de ses confidents, si celui-ci eût cherché à l'en détourner en lui montrant toutes les difficultés, toutes les impossibilités d'une telle entreprise, et que Bonaparte eût répondu : Eh bien, je renonce à la conquête de l'Orient; mais alors ce sera celle de l'Occident que j'accomplirai; je vais quitter l'Égypte; je retourne en France, le peuple m'accueille avec enthousiasme, rétablit en ma faveur la monarchie, non pas celle des Bourbons, mais celle de Charlemagne; le pape lui-même vient me sacrer empereur dans l'église Notre-Dame; l'Europe se coalise contre moi; je triomphe deux ou trois fois de l'Europe; ma puissance s'étend des rives du Tage à celles du Niémen, de la mer de Sicile à la mer Baltique; enfin j'épouse une fille des Césars, et mon fils est roi dès sa naissance...; à coup sûr le confident se fût écrié : Général, vous voulez vous amuser à mes dépens. Mais si vous aviez conçu réellement de tels projets, et que vous eussiez l'intention d'exécuter l'un ou l'autre, je vous dirais : Tentez hardiment le premier; car, malgré les grandes difficultés que j'y aperçois, il est mille fois plus réalisable que l'autre... Tous deux ont été tentés : on sait lequel a réussi.

(1) Voir tous les détails de ce plan, dictés par Napoléon lui-même dans ses *Mémoires sur les campagnes de Syrie et d'Égypte,* publiées par le général Bertrand, tome II, pages 19, 20 et 21.

Une fois sa résolution prise, Bonaparte ne songea plus qu'aux moyens d'exécution. Les succès obtenus par Desaix dans le Saïd, le calme rétabli dans les autres provinces, et l'inaction de l'escadre anglaise stationnée devant Alexandrie, lui donnaient une sorte de sécurité quant à l'Égypte. Il ne vit donc aucune difficulté à détacher environ treize mille hommes de son armée, pour en composer le corps chargé de l'expédition de Syrie.

L'armée expéditionnaire fut composée de quatre petites divisions d'infanterie. La première, commandée par Kléber, avait pour généraux de brigade Verdier et Junot; la seconde était sous les ordres de Reynier, avec Lagrange pour général de brigade; la troisième était commandée par Lannes, ayant sous ses ordres les généraux de brigade Vaux, Robin et Rambeaux; enfin la division Bon formait la quatrième, et était composée des brigades sous les ordres des généraux Vial et Rampon.

La cavalerie, forte d'environ douze cents chevaux, était commandée par Murat.

Les généraux Dommartin et Caffarelli-Dufalga commandaient, l'un l'artillerie, et l'autre le génie.

Chaque division de l'armée de Syrie avait six pièces d'artillerie de campagne, la cavalerie en avait six à cheval, le général en chef six à cheval : en tout trente-six pièces. Le parc avait quatre pièces de douze, quatre de huit, quatre obusiers, quatre mortiers de six pouces : en tout cinquante-deux bouches à feu, avec un double approvisionnement, des outils et un équipage de mines. Un équipage de siége de quatre pièces de vingt-quatre, quatre de seize, quatre mortiers de huit pouces, avec tout le nécessaire, étaient embarqués à Damiette sur six petits chebecs ou tartanes, il était impossible de traîner dans les sables du désert de si fortes pièces. Un pareil équipage de siége, embarqué sur les trois frégates *la Junon, la Courageuse* et *l'Alceste,* était en rade d'Alexandrie, sous les ordres du contre-amiral Perrée. Le général en chef avait pris ainsi double précaution, afin d'être assuré de ne pas manquer de gros canons, qui étaient jugés nécessaires pour l'attaque de Jaffa et d'Acre .

Quand j'arrivai au Caire l'expédition était déjà commencée. La division Kléber était partie de Damiette, en s'embarquant sur le lac Menzaleh ; la division Reynier était partie de Salahieh ; et l'une et l'autre, après une marche fatigante dans le désert, arrivèrent ensemble à Cathieh. Après s'être reposées deux jours en cet endroit, elles continuèrent leur marche sur El-Arich, dont elles commencèrent l'attaque.

Les autres divisions, le quartier général, la cavalerie, le parc d'artillerie suivirent successivement les divisions Kléber et Reynier. Je partis avec l'état-major général, comme je l'avais fait déjà en quittant Alexandrie pour nous rendre à Rahmanieh. Toute l'armée se trouva réunie le 20 février devant El-Arich, dont le siége était commencé depuis douze jours. Le général en chef fit sommer les Turcs de se rendre, les menaçant de les passer au fil de l'épée s'ils laissaient prendre le fort d'assaut. Ceux-ci, effrayés, capitulèrent ; il fut convenu qu'ils remettraient le fort avec tous les approvisionnements qui s'y trouvaient, qu'ils se retireraient avec armes et bagages sur Bagdad, s'engageant à ne pas servir avant un an dans l'armée de Djezzar-Pacha. On trouva dans les magasins une grande quantité de biscuit, de riz et de munitions de guerre. Une trentaine de mameluks qui faisaient partie de la garnison furent envoyés au Caire; trois à quatre cents Maugrabins demandèrent et obtinrent d'être incorporés dans l'armée; le reste prit la route de Bagdad, avec une escorte qui les accompagna pendant six lieues.

Après la reddition d'El-Arich, l'armée resta deux jours campée autour de la place, tant pour se remettre des fatigues que pour donner à la plupart des convois, qui n'avaient pas cheminé aussi vite qu'elle, le temps de rejoindre. Bonaparte en profita pour faire réparer les ouvrages défensifs du fort et du village, et pour les augmenter même.

Le 22, la division Kléber, qui formait l'avant-garde, se mit en route, suivie des divisions Bon et Lannes; la division Reynier restait à El-Arich, et devait former l'arrière-garde. Le 23, je partis avec le quartier général, et nous arrivâmes vers midi à Kan-Younes, où nous croyions trouver les trois divisions parties avant nous; mais, au lieu des Français, nous y rencontrâmes les mameluks d'Ibrahim-Pacha. Heureusement que, nous prenant pour l'avant-garde de l'armée, ils s'enfuirent précipitamment à notre approche; car, s'ils nous eussent attaqués résolûment, nous étions en trop petit nombre pour leur résister. Mais qu'étaient devenues les trois divisions qui nous avaient précédés? Cette pensée inquiétait bien plus Bonaparte que le voisinage des mameluks. Nous revînmes sur nos pas jusqu'à un *santon* situé à deux à trois lieues en deçà, et près duquel se trouvaient plusieurs puits. On appelle santons de petites chapelles funéraires consacrées aux saints de la foi musulmane. En y arrivant vers le soir, nous eûmes la joie d'y rencontrer les coureurs de l'avant-garde de Kléber, et d'apprendre enfin que les divisions s'étaient égarées dans le désert pendant vingt-quatre heures. Bientôt nous nous trouvâmes tous réunis au santon, où nous passâmes la nuit.

L'armée se remit en mouvement le 24, salua, en passant, les colonnes érigées dans le désert pour marquer les limites de l'Afrique et de l'Asie, et gagna Kan-Younes, que l'ennemi n'avait pas réoccupé. A une lieue plus loin, sur la route de Gaza, se trouvait Abdallah-Pacha, avec le noyau de l'armée que préparait la Porte pour envahir l'Égypte, et qui venait d'être grossi des mameluks d'Ibrahim, qui, la veille encore, occupaient Kan-Younes. Kléber reçut ordre d'attaquer Abdallad sur-le-champ; mais ni le pacha ni le bey ne crurent devoir attendre le choc; ils levèrent leurs tentes et se retirèrent sur Gaza en toute hâte. Les Français trouvèrent dans le camp abandonné d'immenses approvisionnements de toute sorte, et eurent bientôt oublié leurs privations des deux derniers jours.

Nous passâmes gaiement le reste de la journée à Kan-Younes. Nous quittions un désert aride et brûlant, à travers lequel nous avions fait une marche de soixante lieues, et nous allions entrer dans une contrée riante et fertile, dont nous apercevions au loin les montagnes couvertes de forêts. Puis cette contrée, c'était la Palestine, dont Kan-Younes était le premier village. La Palestine! que de souvenirs, que d'émotions faisait naître en moi ce nom! J'allais parcourir cette terre foulée jadis par Abraham, par Jacob et par les patriarches, cette terre promise à leurs descendants, et qui fut le royaume de David et de Salomon, cette terre enfin où se sont accomplis les mystères de la naissance, de la vie et de la mort de l'Homme-Dieu, et qui dès lors a reçu à juste titre le nom de TERRE sainte ! Puis à ces souvenirs se mêlaient ceux de tant de héros chrétiens que le désir de conquérir le saint sépulcre et de faire triompher la foi de Jésus-Christ avait amenés sur ces bords; les noms de Godefroy de Bouillon, de Tancrède, de Philippe-Auguste, de Richard Cœur-de-Lion, de Lusignan, de Louis le Jeune, de saint Louis, se présentaient tour à tour à ma mémoire, et me rappelaient les brillants faits d'armes et la foi si vive et si humble des croisés. Puis, en reportant mes regards autour de moi, je voyais une armée composée de descendants de ces mêmes croisés, pleine aussi de courage et d'enthousiasme, ayant à sa tête de grands capitaines, capables aussi de se signaler par les plus brillants exploits; mais ce n'étaient ni les mêmes causes, ni les mêmes sentiments, qui l'avaient amenée sur ces rivages. L'ambition, la gloire, des motifs politiques ou purement humains, voilà ses seuls guides; quant à la foi de ses pères, elle s'était presque éteinte après sept ans de révolution et au milieu des agitations et du tumulte de la guerre. Cependant, lorsque les soldats apprirent que nous entrions dans la terre sainte, ils manifestèrent une certaine émotion dont je fus frappé. Ils se faisaient une fête d'aller à Jérusalem, de visiter Bethléhem, de monter sur le Calvaire, de boire de l'eau du Jourdain. Ces noms qu'ils avaient appris dans leur enfance, en bégayant leur catéchisme, en chantant quelque noël à la veillée, semblaient revenir à leur mémoire comme un parfum de leur jeune âge et un souvenir du foyer domestique.

Le 25, dès l'aube, l'armée, bien restaurée et bien reposée, quitta son bivouac de Kan-Younes et continua gaiement sa marche. A peine eûmes-nous laissé ce misérable village, que nos yeux distinguèrent avec ravissement une nouvelle verdure. Des prairies, des arbres autres que ces palmiers dont l'aspect monotone nous avait fatigués depuis si longtemps, enfin des plaines cultivées nous rappelaient le sol de la France. Dans la matinée, comme pour compléter la ressemblance du tableau, une grosse averse vint tomber sur nous et tempérer la chaleur. Cette pluie, la première que nous eussions vue depuis notre départ de Toulon, contribua encore à augmenter le charme que nous éprouvions au sortir du désert. Plusieurs soldats se dépouillèrent de leurs vêtements, et reçurent avec délices cette ondée bienfaisante que le ciel leur envoyait fort à propos pour les rafraîchir et les retremper.

Pour moi, dans la joie que j'éprouvais à me voir mouillé et à reposer mes regards sur un tapis de verdure, j'oubliais tout ce que j'avais souffert, et les moindres choses me procuraient des jouissances qui ne seraient pas appréciées par celui qui n'a jamais ressenti de privations. Certes, la plaine de Gaza m'eût trouvé indifférent, peut-être même m'eût-elle causé une impression désagréable, si je l'eusse visitée en quittant la Touraine ou la Lombardie; mais au sortir du désert, c'était pour moi un véritable Éden.

C'est dans cette heureuse disposition d'esprit que nous arrivâmes devant Gaza. Nous trouvâmes en avant de la ville Abdallah-Pacha avec son armée, qui paraissait disposée à nous en disputer l'entrée. Une démonstration de Kléber et une charge de la cavalerie de Murat suffirent pour faire prendre la fuite à toute cette multitude. Les cheiks et les ulémas de Gaza s'empressèrent aussitôt d'apporter les clefs de leur ville au général en chef. Bonaparte les accueillit avec bienveillance, et promit de veiller à ce que son armée ne commît aucun désordre pendant son séjour dans leur ville.

Ce séjour fut de quarante-huit heures. J'employai ce temps à visiter la ville et ses environs, non que j'espérasse y trouver des ruines comparables à celles qu'offrent les vieilles cités de l'Égypte ; mais ici les souvenirs changent de nature ; ce ne sont plus les restes de la magnificence des rois et des conquérants, mais ce sont quelques traces des touchants récits de l'histoire sainte ; ce ne sont plus Hérodote et Strabon qui vont me servir de guides, c'est la Bible à la main que je vais parcourir cette terre ; et si je ne dois pas y trouver ces monuments gigantesques qui frappent l'esprit d'étonnement et d'admiration, je suis sûr de rencontrer à chaque pas que je ferai en Palestine des témoignages muets des miracles accomplis sur cette terre, berceau de notre sainte religion.

Gaza, située à une demi-lieue de la mer, n'est peuplée que de deux à trois mille âmes. C'est un composé de trois villages, dont le château, construit sur une colline de peu d'élévation, sépare le premier des deux autres.

Quelques ruines qu'on trouve dans la ville prouvent que jadis elle fut le séjour du luxe et de l'opulence. C'est aussi ce que semble indiquer son nom, qui signifie *trésor* dans l'ancienne langue des Perses. Elle était, aux premiers temps de l'occupation de la Palestine par les Israélites, la capitale d'un petit État de Philistins. On sait que Samson, l'un des juges d'Israël, *pendant les jours des Philistins,* ayant été surpris dans Gaza pendant la nuit, *enleva les deux portes de cette ville avec leurs barreaux et leurs serrures, et les porta sur le haut de la montagne d'Hébron* (1). Cette montagne d'Hébron a conservé son nom; c'était sur cette hauteur qu'était campé Abdallah quand il fut mis en déroute par Kléber.

Dans le partage de la terre promise par le peuple de Dieu, cette cité fit partie de la portion échue à la tribu de Juda.

Le sol du territoire de Gaza est très-fécond, et si léger qu'on a de la peine à trouver un caillou dans les plaines; ses jardins, arrosés d'eau vive, produisent sans le secours de l'art des grenades excellentes, des dattes fort bonnes et des cédrats remarquables par la forme et la grosseur.

En sortant de Gaza l'armée prit à gauche, et marcha au milieu d'une plaine de six lieues de large, dans un chemin presque toujours bordé d'oliviers. A gauche nous avions les dunes qui bordent la mer, et à droite les premiers mamelons des montagnes de la Palestine, qui vont en s'élevant pendant quatre à cinq lieues, puis descendent sur l'autre revers jusqu'au Jourdain. Quel pays intéressant! et qu'il m'eût été agréable de pouvoir le visiter! Nous n'étions qu'à quelques lieues de Jérusalem et du tombeau de Jésus-Christ; mais, malgré tout mon désir, il ne me fut pas donné de faire ce voyage, ou plutôt ce pèlerinage, qui m'offrait tant d'attraits.

Le 1er mars, après une journée de sept lieues, nous couchâmes à Esdoud. C'est l'ancienne Azoth, qui *avec ses bourgs et ses villages* faisait aussi partie du lot de la tribu de Juda (2). Nous passâmes à gué le torrent

---

(1) Juges, chap. xvi, verset 3.
(2) Josué, chap. xv, verset 47.

qui descend de Jérusalem et se jette dans la mer à Ascalon. Nous laissâmes à notre gauche cette ville, que des siéges et des batailles ont illustrée dans les guerres des croisades, surtout la défaite de Saladin en 1176. Elle est aujourd'hui ruinée, et le port en est comblé. Bonaparte voulut faire une excursion sur le champ de bataille d'Ascalon, où Godefroy de Bouillon défit l'armée du soudan d'Égypte et les Maures d'Éthiopie. J'eus le bonheur de faire partie de son escorte pendant cette excursion, et de parcourir pendant trois heures ce théâtre des exploits des premiers croisés. Cette bataille valut à la chrétienté la possession de Jérusalem durant cent ans. Pendant cette promenade, j'appris d'un des officiers de la suite de Bonaparte une particularité que j'aime à consigner ici : c'est que, depuis notre entrée en Palestine, tous les soirs Bonaparte se faisait lire l'Écriture sainte à haute voix, et qu'il était frappé de l'analogie et de la vérité des descriptions, qui conviennent encore à ce pays aujourd'hui comme à cette époque reculée, malgré les vicissitudes des siècles et des révolutions.

Le 2 mars nous campâmes à Ramleh, à sept lieues de Jérusalem. La population de cette ville est chrétienne. Un détachement d'éclaireurs fut envoyé sur la route de Jérusalem. Je me joignis à eux, et nous approchâmes jusqu'à trois lieues de la ville sainte. Chacun de nous brûlait du désir d'apercevoir au moins de loin la colline du Calvaire, les murs du saint sépulcre, le plateau du temple de Salomon; et tous nous éprouvâmes un sentiment de douleur et de regret quand nous reçûmes l'ordre de rétrograder et de nous porter sur Jaffa. Mais la possession de cette ville était une mesure stratégique d'une haute importance, et il eût été très-imprudent à un général en chef de marcher sur Jérusalem sans avoir occupé Jaffa. Aussi je regardais ma visite à la ville sainte comme simplement ajournée, et j'espérais bien que des circonstances favorables me permettraient bientôt de l'effectuer. Hélas! cet espoir, comme bien d'autres dans ma vie, ne devait jamais se réaliser.

Ramleh est l'ancienne Arimathie, la patrie de Nicodème et de Joseph; elle n'a guère maintenant plus de deux cents familles. Elle n'est qu'à cinq lieues de Jaffa; aussi cette distance fut promptement franchie, et l'armée campa devant cette ville dans la journée du 3 mars.

L'importance de cette place, qui était la clef du pachalik de Djezzar, et qui d'ailleurs offrait le seul port où pussent aborder les deux escadres chargées du matériel de l'armée expéditionnaire, ordonnait d'en hâter le plus possible l'occupation. Jaffa était mal fortifiée, mais pourvue d'une garnison nombreuse; et Abou-Saab, qui en était gouverneur, était résolu à la défendre jusqu'à la dernière extrémité. Il fallut donc en faire le siége régulièrement. Les journées des 4, 5 et 6 mars furent employées à compléter l'investissement de la place, et à établir les batteries de brèche et d'approche.

Le 7, au lever du soleil, tout étant préparé pour commencer l'attaque, Bonaparte voulut, avant d'ouvrir le feu, tenter la voie des négociations. Il envoya un parlementaire porter au gouverneur une sommation de rendre la place, avec des conditions honorables pour lui, pour la garnison et pour les habitants de la ville. Pour toute réponse, Abou-Saab fit trancher la tête au parlementaire, et la fit mettre au bout d'une pique, qui fut plantée sur une des plus hautes tours de la ville, en vue de l'armée française. Ce barbare défi devait être cruellement expié. Les batteries tonnèrent aussitôt contre les murailles, et quelques heures après la brèche était ouverte et praticable. Nos soldats s'élancent à l'assaut ; ils rencontrent une résistance opiniâtre, mais elle ne fait qu'accroître leur fureur ; la garnison, cernée et pressée de toutes parts, refuse de déposer les armes, et ne veut point de quartier. Alors commence une de ces scènes de carnage dont on ne saurait se faire une idée, et dont rien ne pourrait justifier les excès. Ma plume se refuse à tracer cet horrible tableau. Je dirai seulement que nulle ville emportée d'assaut n'a peut-être présenté un spectacle plus affreux que Jaffa pendant ces deux journées du 7 et du 8 mars 1799. *Jamais*, dit Bonaparte dans le bulletin de siége qu'il adressa au Directoire, *jamais la guerre ne m'a paru si hideuse.*

L'armée trouva dans Jaffa soixante pièces d'artillerie, des monceaux de poudre et de projectiles ; elle y trouva encore deux à trois mille quintaux de riz, quatre à cinq cent mille rations de biscuit. De plus, quinze petits bâtiments de commerce venant de Saint-Jean-d'Acre, et chargés de munitions de guerre et de bouche, entrèrent le 9 dans le port de Jaffa, qu'ils étaient loin de soupçonner au pouvoir des Français. Inutile de dire qu'ils furent immédiatement saisis.

Le 10, on s'occupa du sort de deux à trois mille prisonniers qui avaient échappé au massacre de la garnison. On renvoya dans leurs foyers les captifs qui étaient pour la première fois tombés entre les mains de nos soldats, moyennant promesse de ne pas s'enrôler d'un an parmi les troupes des pachas de la Syrie. Mais parmi ces prisonniers on en reconnut un grand nombre qui avaient été pris à El-Arich, et qu'on avait rendus à la liberté aux mêmes conditions. Bonaparte résolut de se montrer sévère, impitoyable envers ces hommes qui avaient manqué à la foi jurée et il voulut que leur châtiment servît d'exemple aux autres. Ils étaient environ sept à huit cents; tous furent fusillés. Cette terrible exécution, quoique expliquée, sinon justifiée par la nécessité et les lois de la guerre, fit une pénible impression sur l'armée. Mais un événement d'une autre nature vint bientôt la jeter dans la consternation la plus profonde.

La traversée du désert avait été très-fatigante, et le passage d'un climat extrêmement sec à un climat humide et pluvieux avait influé sur la santé de l'armée; puis les excès de tout genre auxquels s'étaient livrés nos soldats pendant le sac de cette malheureuse ville avaient encore ajouté à l'influence du climat des dispositions plus favorables à contracter une maladie contagieuse qui régnait alors sur tout le littoral de la Syrie, mais dont les Français n'avaient pas encore ressenti les atteintes. En une seule matinée, cette terrible épidémie, la peste (puisqu'il faut l'appeler par son nom), dont rien la veille encore n'annonçait la prochaine invasion, éclata comme la foudre. En quelques heures sept à huit cents de nos soldats furent attaqués de la contagion. Les malades se virent d'abord, c'est-à-dire tant qu'on ignora la nature du mal, entourés des soins affectueux de leurs camarades; mais dès que le mot de peste fut prononcé, parents, amis, infirmiers même, tous prirent la fuite et abandonnèrent les malheureux pestiférés aux progrès du mal, aux horreurs de leurs souffrances, et, ce qui était pire encore, aux angoisses de la crainte et du désespoir.

Cette fatale nouvelle se répandit dans l'armée avec la rapidité de l'éclair, et y jeta un effroi que n'aurait certes pas produit l'arrivée d'une armée ennemie de trois cent mille hommes. On peut toujours se battre et défendre sa vie contre un ennemi, fût-il dix fois, vingt fois plus nombreux ; mais comment se soustraire aux atteintes d'un fléau comme la peste ?

Le général en chef, instruit de ce qui se passait, résolut de relever le moral de ses soldats par une de ces démonstrations qui frappent les yeux de la multitude et lui rendent la confiance et l'espoir. Il se rendit lui-même à l'hôpital des pestiférés, accompagné du général Berthier, du chef de brigade Bessières, de l'ordonnateur Baure, du médecin Desgenettes et du chirurgien Larrey ; il parcourut lentement les différentes salles, s'arrêta devant presque tous les lits pour parler à ses pauvres soldats, pour leur reprocher de se laisser abattre et de céder à de chimériques terreurs. Il ne s'en tint pas même à de simples paroles ; mais, afin de démontrer par une preuve péremptoire que la peste n'était ni infailliblement contagieuse ni infailliblement mortelle, il écarta la couverture d'un grenadier chez qui le mal semblait parvenu au dernier période de l'intensité, et touchant de sa main les bubons sanguinolents du malade : « Vous voyez, dit-il à ceux qui l'entouraient, vous voyez que ce n'est rien (1). »

Cette visite de Bonaparte à l'hôpital de Jaffa produisit le meilleur effet. C'est une des circonstances parti-

---

(1) C'est cette scène que Gros a prise pour sujet d'une des plus belles pages de la peinture française. On peut voir ce tableau au Louvre.

culières à la peste, comme au choléra et autres épidémies de ce genre, qu'elle est plus dangereuse pour les personnes qui la craignent le plus. Pour achever de rassurer l'armée sur cette maladie, les médecins eurent ordre de dire que ce n'était pas la véritable peste, mais une fièvre pernicieuse connue sous le nom de *fièvre à bubons*. Le résultat de tous ces moyens fut tel, que l'armée resta persuadée que ce n'était pas la peste. Ce ne fut que quelques mois après qu'il fallut bien en convenir ; mais alors le danger de la première impression était passé.

Jaffa est l'ancienne Joppé, une des principales villes de la Phénicie. Ce nom de Joppé signifie en hébreu *belle, agréable*. En effet, la position de Jaffa, au milieu de jardins délicieux remplis d'arbres fruitiers, offre un aspect charmant. C'est là que s'embarqua Jonas et que saint Pierre ressuscita la veuve Tabithe. Cette ville a été de tout temps victime des fureurs de la guerre. Dans l'antiquité elle fut prise et reprise par les Égyptiens et les Assyriens : Judas Machabée la brûla ; le général romain Cestius la détruisit ensuite, et Vespasien la ravagea. Au xiiᵉ siècle, les Sarrasins s'en emparèrent ; au xiiiᵉ, les croisés la prirent d'assaut et en firent un comté que posséda Gauthier de Brienne ; mais bientôt elle devint la proie des soudans d'Égypte, auxquels les Turcs l'enlevèrent (1).

L'armée attendait avec impatience le moment de s'éloigner de cette ville *de malheur*, comme l'appelaient les soldats. Je partageais l'impatience générale, et j'avoue

---

(1) D'autres fléaux l'ont encore ravagée postérieurement à l'époque de notre récit. En 1837, un tremblement de terre la détruisit presque entièrement, et fit périr 13,000 habitants. En 1840, les Anglais l'ont prise pour les Turcs sur le pacha d'Égypte.

que j'éprouvais un triste pressentiment sur l'issue d'une campagne commencée sous de si funestes auspices. Enfin l'ordre du départ fut donné, et nous nous mîmes en route le 14 mars.

CHAPITRE VIII

Départ de Jaffa. — Arrivée à Meski. — Forêt enchantée du Tasse. — Combat de Korsoum. — Campement au pied du mont Carmel. — Prise de Caiffa. — *Le Tigre* et *le Thésée*. — L'armée campe devant Saint-Jean-d'Acre. — Situation de cette ville. — Opinion générale sur la force de cette place. — Proclamation aux habitants du pachalik d'Acre. — Elle n'obtient du succès que chez les Druses. — Ils approvisionnent le camp de toutes sortes de denrées. — Une partie de la flottille française et toute l'artillerie de siége tombent au pouvoir des Anglais. — Attaque de la place avec de l'artillerie de campagne. — Premier assaut repoussé. — Sir Sidney-Smith. — Phélippeaux. — Continuation du siége. — Nouvelles de l'armée de Damas. — Le cheik Daher tient Bonaparte au courant des événements. — Création de quatre corps d'observation. — Je fais partie de celui de Murat. — Reconnaissance sur le Jourdain. — Route dans la montagne. — Le père *Francesco*. Arrivée à Sâfed. — Accueil du cheik et des habitants. — La garnison nous abandonne le fort. — Le commandant et son fils prisonniers. — La plaine et le pont de Jacob. — Le lac de Galilée. — Le Jourdain. — Retour au camp. — L'ennemi reparaît en deçà du Jourdain. — Combat de Nazareth. — Départ de Kléber pour Nazareth. — Retour de Murat avec mille hommes à Sâfed. — Combat du pont de Jacob. — Déroute de l'ennemi. — Prise de son camp. — Marche sur Taabarieh. — Vue du lac de Génésareth. — Occupation de Tabarieh. — Bataille du mont Thabor. — Défaite de l'armée de Damas. — Je suis envoyé de Tabarieh à Nazareth. — Mes souvenirs dans ce voyage. — Capharnaüm. — Le mont Thabor. — Nazareth. — Le *Te Deum* dans la chapelle du couvent de Nazareth. — Retour au camp. — Arrivée de la grosse artillerie. — Nouveaux assauts repoussés. — Mort de Caffarelli. — Bonaparte se prépare à la retraite. — Retour de l'armée en Égypte. — Arrivée à Matarich. — La quarantaine. — Entrée solennelle de l'armée dans la capitale. — Députation des chefs. — Offrande du cheik El-Bekri. — Le mameluk Roustan. — Impression que fait sur Bonaparte son échec à Saint-Jean-d'Acre.

L'armée quitta Jaffa le 14 mars au matin, se dirigeant sur Meski. Dès le lendemain de la prise de Jaffa, Kléber s'était porté sur ce point. Diverses reconnaissances qu'il avait envoyées dans les montagnes avaient eu des rencontres assez vives qui annonçaient la présence de l'ennemi dans l'une d'elles, le général Dumas, s'étant trop engagé, perdit quelques hommes et fut grièvement blessé. Nous le rencontrâmes en route; il était porté sur un brancard, et il retournait à Jaffa, pour passer ensuite en Égypte. Je ne l'avais par revu depuis notre excursion aux pyramides et dans les environs du Caire. Je m'approchai de lui; il me reconnut, me serra silencieusement la main, et nous poursuivîmes notre marche chacun de notre côté.

Le soir nous arrivâmes à Meski. La forêt qui s'étend près de cette bourgade est la plus grande de toute la Syrie. C'est la forêt enchantée du Tasse; elle a été illustrée par une bataille sanglante entre Richard Cœur-de-Lion et Saladin. Cette forêt est voisine du territoire de Naplouse, célèbre anciennement sous le nom de royaume de Samarie.

Le 15, les divisions se mirent en marche sur Zéta. J'avais d'abord pensé qu'on suivrait la côte; mais je vis bientôt que le général en chef, instruit du mouvement des ennemis, s'avançait un peu plus sur la droite pour les rencontrer. A midi on distingua quelques cavaliers, et bientôt un corps considérable sur les hauteurs de Korsoum. Aussitôt les dispositions furent prises; l'ennemi fut attaqué, chassé de toutes ses positions, culbuté des hauteurs, et poursuivi aussi loin qu'il était nécessaire pour qu'il ne pût nous donner aucune inquiétude. Les Naplousins ou Samaritains perdirent dans ce combat un millier d'hommes tués ou blessés, parmi lesquels plusieurs personnes de marque. Cette sévère leçon les contint pour longtemps. Quand nous arrivâmes sur les hauteurs d'où l'ennemi venait d'être chassé, nous aperçûmes dans la vallée à nos pieds la cavalerie d'Abdallah et les mameluks qui se retiraient au petit galop. C'était toujours un curieux spectacle pour nous, que de voir cette belle cavalerie marchant sans ordre, et ces drapeaux aux couleurs variées qui s'agitaient au milieu d'elle. L'armée descendit la montagne et vint camper à la tour de Zéta, où l'on pansa les blessés du combat de Korsoum.

L'armée campa sur la rive gauche de Korsoum, au pied du mont Carmel, à trois lieues de Caïffa et à sept lieues de Saint-Jean-d'Acre. Le mont Carmel, escarpé de tous côtés, a trois à quatre lieues de long, et n'est séparé des montagnes de Naplouse que par un grand vallon. C'est sur le mont Carmel que demeura longtemps le prophète Élie. On fait voir une grotte qui, selon la tradition, lui servit d'habitation. On y voit encore des ruines d'églises et de couvents qui datent des premiers siècles de l'Église ou du temps du royaume chrétien de Jérusalem.

Le même jour l'armée française s'empara de Caïffa, petit port au pied du mont Carmel et à trois lieues de Saint-Jean-d'Acre. Djezzar-Pacha n'avait pas jugé à propos de le défendre, et l'avait précipitamment abandonné, laissant dans cette petite place un magasin pourvu de cent cinquante mille rations de biscuit, de riz, d'huile, etc. Ce fut de Caïffa que le général en chef découvrit la rade de Saint-Jean-d'Acre, et y aperçut deux vaisseaux anglais, *le Tigre* et *le Thésée*, commandés par le commodore sir Sidney-Smith ; ils étaient arrivés dans cette rade deux jours auparavant, venant de Constantinople.

Pendant la nuit on jeta deux ponts sur le Korsoum, et le lendemain l'armée tout entière vint camper devant Saint-Jean-d'Acre, ancienne capitale de la Galilée.

Saint-Jean-d'Acre est à trente lieues nord-ouest de Jérusalem, à trente-six lieues sud-est de Damas, à dix lieues au sud des ruines de Tyr. Elle est située au nord de la baie de Caïffa, à trois lieues par mer de cette petite ville, à quatre lieues en suivant le rivage. Elle est environnée par une plaine de huit lieues de long, qui commence au cap Blanc et aux montagnes du Saron, et finit à celles du Carmel. Cette plaine a deux lieues de largeur depuis la mer à l'ouest jusqu'aux premiers mamelons des montagnes de Galilée à l'est. Ces montagnes vont en s'élevant pendant six lieues jusqu'à la crête supérieure, d'où elles descendent jusqu'au Jourdain. Il y a douze à quinze lieues d'Acre à cette rivière.

L'armée française était animée d'une noble ardeur et avait pleine confiance dans l'heureuse issue de l'expédition. Elle marchait de succès en succès depuis l'ouverture de la campagne, et n'avait plus, pour achever la conquête de la Syrie, pour s'élancer même vers la capitale de l'empire ottoman, qu'un siége à faire. L'aspect des murs de Saint-Jean-d'Acre, seule place qui lui restât à réduire, ne pouvait qu'exciter encore son courage et ses espérances. En effet, Saint-Jean-d'Acre s'élève sur un promontoire qui n'est lié au continent que par une étroite langue de terre, et les fortifications qui comblaient ce court intervalle, mauvaises courtines flanquées de tours carrées à la manière du xiiᵉ siècle, ne paraissaient pas moins faibles que celles de Jaffa. On devait donc présumer que la réduction d'Acre ne serait ni plus longue ni plus difficile.

Les officiers, les généraux et Bonaparte lui-même partagèrent cette opinion des soldats; les uns et les autres devaient être cruellement détrompés.

Dans la journée du 19 mars, Bonaparte, accompagné

des généraux Caffarelli-Dufalga et Dommartin, procéda à l'exacte reconnaissance de la place. En même temps il adressa aux habitants des diverses provinces du pachalik d'Acre une proclamation dont voici les principaux passages :

« Dieu est clément et miséricordieux.

« Dieu donne la victoire à qui bon lui semble ; il
« n'en doit compte à personne, et les peuples doivent
« se soumettre à sa volonté.

« Dieu, qui tôt ou tard punit les tyrans, a décidé
« que le terme du règne de Djezzar est venu.

« En entrant avec mon armée dans le gouvernement
« d'Acre, mon intention n'est que de punir Djezzar ;
« il a osé me provoquer à la guerre, je la lui ai ap-
« portée ; mais ce n'est pas à vous, habitants, que je
« veux en faire sentir les horreurs.

« Ainsi, restez tranquilles dans vos foyers ; que ceux
« qui par peur les ont quittés y rentrent. J'accorde
« sûreté et sauvegarde à tous. Je laisserai à chacun la
« propriété qu'il possédait.

« Mon intention est que les cadis continuent à
« rendre la justice ; que la religion surtout soit pro-
« tégée et respectée, et que les mosquées soient fré-
« quentées par tous les bons musulmans.

« Il est nécessaire que vous sachiez que tous les
« efforts humains sont inutiles contre moi ; car tout
« ce que j'entreprends doit réussir. Ceux qui se dé-
« clarent mes amis prospèrent ; ceux qui se déclarent
« mes ennemis périssent. L'exemple de ce qui vient
« d'arriver à Gaza et à Jaffa doit vous faire connaître
« que si je suis terrible pour mes ennemis, je suis
« bon pour mes amis, et surtout clément et miséricor-
« dieux pour le pauvre peuple. »

Cette proclamation n'obtint nulle part du succès, excepté toutefois chez les Druses, peuplades demi-chrétiennes et demi-musulmanes, ou plutôt qui n'appartiennent ni à l'une ni à l'autre de ces religions. Elles habitent non-seulement les revers du Liban, mais encore plusieurs des villages qui environnent Saint-Jean-d'Acre. Chez eux du moins cette proclamation excita un vif enthousiasme; ils témoignèrent dès les premiers jours beaucoup d'empressement à communiquer avec les Français; ils accoururent en foule au camp, ils y apportèrent toutes sortes de provisions, et grâce à eux s'établit sur les bords du Kerdanneh, l'un des cours d'eau qui limitaient notre camp, un marché abondamment pourvu de toutes les choses nécessaires à la vie. Bonaparte leur promit de rendre leur nation indépendante, d'alléger pour elle le fardeau des tributs; ces promesses achevèrent de gagner l'affection des Druses, affection qui ne se démentit pas pendant toute la durée du siége d'Acre, et qui fut extrêmement utile à l'armée française.

Je n'entrerai pas dans les détails de ce siége, détails qui m'entraîneraient trop loin; je me contenterai d'en rapporter les principaux événements, ceux surtout dont je fus témoin; car, ainsi qu'on le verra bientôt, je fus absent pendant une partie du siége.

On avait embarqué à Damiette et à Alexandrie, ainsi que nous l'avons dit, l'artillerie de siége et les munitions probablement nécessaires pour la réduction de Saint-Jean-d'Acre. Une des deux flottilles chargée de ces objets se hasarda seule à braver les croiseurs anglais, parce qu'elle était composée de petits bâtiments dont le faible tirant d'eau leur permettait de longer d'assez près la côte pour que les vaisseaux anglais ne s'aventurassent point à les y poursuivre. Cette précaution, soigneusement observée jusqu'au bout, eût produit les meilleurs résultats; malheureusement elle ne le fut que jusqu'à la pointe du mont Carmel. Parvenu le 18 dans ces parages, l'officier qui commandait la flottille, croyant encore le port de Caïffa au pouvoir des Turcs, n'osa s'en approcher de trop près, et resta au large. Aperçu par le *Tigre*, pourchassé par ce vaisseau, criblé de boulets, il échappa avec la corvette qu'il montait et deux de ses neuf bâtiments; mais les sept autres, qui étaient plus pesamment chargés et dont la capture était plus importante, tombèrent au pouvoir de l'ennemi. Cette perte, irréparable pour l'armée française, décida du sort de Saint-Jean-d'Acre et de l'issue de l'expédition de Syrie.

Malgré la perte de l'artillerie de siége, on résolut d'employer contre Acre les mêmes moyens qui avaient réussi à Jaffa. On ouvrit la tranchée dans la journée du 20; on établit des batteries de brèche avec des pièces de douze, et le 25, après une vive canonnade, on parvint à ouvrir une brèche dans une grosse tour carrée qui dominait le rempart. L'assaut est donné, nos grenadiers s'élancent avec leur ardeur accoutumée, se croyant déjà maîtres de la place; mais la brèche était moins praticable qu'on ne l'avait cru, et après des efforts inouïs, après la perte d'un grand nombre de braves, il fallut battre en retraite.

Cet échec releva le courage des assiégés. Le commodore Smith, qui lui-même n'avait pas cru d'abord à la possibilité de défendre Saint-Jean-d'Acre, résolut de seconder de tous ses moyens les efforts de Djezzar-Pacha. Il fit débarquer toutes les pièces de gros calibre prises sur la flottille française, les fit monter sur les remparts et servir par ses meilleurs pointeurs. Ainsi cette même artillerie destinée à renverser les remparts d'Acre allait maintenant servir à les défendre. Mais ces moyens de défense, tout puissants qu'ils étaient, eussent encore été insuffisants sans un homme capable de les employer et de les diriger d'une manière convenable. Cet homme se trouvait précisément à bord de l'escadre anglaise : c'était un Français émigré, officier d'artillerie du plus grand mérite. Il se nommait Phélippeaux, et avait été camarade de Bonaparte à l'école militaire de Paris pendant les années 1783 et 1784. Il s'offrit pour prendre la direction de l'artillerie de la place, et ses services furent acceptés avec empressement. Bonaparte ne tarda pas à s'apercevoir qu'il avait trouvé dans son ancien condisciple un adversaire redoutable.

Le général en chef, après son premier échec, reconnut que la place ne pouvait être emportée par un coup de main, et qu'il fallait procéder à un siége régulier. Les travaux furent donc repris dans la soirée du 28, et continués avec ardeur les jours suivants, malgré les fréquentes sorties des ennemis.

Pendant que le siége se prolongeait, le général en chef apprit que le pacha de Damas avait réuni dans cette grande ville trente mille hommes à pied et à cheval. La cavalerie de Djezzar et celle d'Ibrahim-Bey étaient sur la rive gauche du Jourdain, et maintenaient la communication de Damas avec Naplouse. Les Naplousins avaient réuni six mille hommes; ils brûlaient de venger l'affront qu'ils avaient reçu au combat de Korsoum. Djezzar, en sa qualité de sérasquier, donna l'ordre au pacha de Damas de passer le Jourdain, de se joindre aux Naplousins dans la plaine d'Esdrelon, et de couper les communications du camp d'Acre avec l'Égypte.

Bonaparte était instruit de tous les mouvements de l'ennemi par le cheik Daher, ennemi personnel de Djezzar-Pacha, qui l'avait dépouillé de l'héritage de son père. Ce cheik s'était présenté au général en chef le jour même où celui-ci était arrivé devant Saint-Jean-d'Acre ; il lui avait exposé ses griefs contre Djezzar et lui avait offert ses services. Bonaparte l'avait accueilli avec empressement, l'avait revêtu d'une pelisse en signe d'investiture du commandement de la province de Sâfed, et avait reçu son serment de fidélité. Daher y fut fidèle ; il entretint des correspondances suivies avec Damas ; il donna des nouvelles exactes de ce qui s'y faisait ; il nous concilia les Bédouins, qui ne causèrent aucune inquiétude à l'armée de Syrie ; enfin il approvisionna le camp, pendant toute la durée du siége, de tout ce que pouvait fournir le pays.

Sur les renseignements fournis par Daher, Bonaparte, ne voulant pas permettre aux ennemis de pénétrer au delà du Jourdain, forma quatre petits corps pour en surveiller les rives : le premier, commandé par le colonel Lambert, observa le Carmel, la plaine d'Esdrelon, la plage de la mer, les routes de Naplouse ; le second, commandé par le général Junot, eut ordre d'occuper le fort de Nazareth et d'observer le Jourdain au-dessous du lac de Tabarieh (Tibériade) ; le troisième, commandé par le général Murat, devait occuper la citadelle de Sâfed et observer le Jourdain au-dessus du lac de Tabarieh et du pont de Jacob ; enfin le quatrième, commandé par le général Vial, aurait à observer les débouchés du mont Saron, et devrait pousser des postes sur Tyr.

Je fus désigné pour faire partie du corps commandé par Murat. Il se composait de quelques compagnies d'infanterie et d'une partie du 3ᵐᵉ régiment de dragons, commandée par le chef de brigade Bon. Le 30 mars, nous quittâmes l'armée, traversâmes la plaine vis-à-vis Saint-Jean-d'Acre, et pénétrâmes dans les montagnes, guidés par les Druses, qui devaient nous conduire à Sâfed. Nous faisions notre route fort gaiement, le temps était très-beau; les montagnes que nous traversions étaient couvertes d'oliviers, dont la verdure triste faisait ressortir plus agréablement celle des arbustes chargés de fleurs. De fort beaux sites, des torrents dont l'eau fraîche nous engageait à nous rafraîchir, des oiseaux dont le gazouillement annonçait la joie, tout enfin contribuait à éloigner de nous la mélancolie. Dans ces moments, notre besoin le plus pressant était toujours de parler de la France. L'espèce d'exil où nous nous trouvions depuis bien longtemps provoquait la confiance : on contait des histoires, et quelquefois la sienne. Le général Murat n'était point en reste à cet égard, et contribuait pour sa part à égayer notre route; enfin en peu de temps il s'établit entre tous les officiers, sans distinction de grade, cette douce familiarité que font naître les fatigues et les dangers partagés en commun. Les distances disparaissent alors, les hommes se rapprochent et trouvent des consolations dont on ne se ferait pas une idée dans la prospérité.

Le général Murat avait pour interprète un prêtre de la Propagande établie au Caire; il était italien et se nommait *Padre Francesco*. C'était un homme fortement attaché à ses devoirs, d'une piété vraiment exemplaire, et avec cela d'une gaieté charmante. Il prenait part à nos conversations, les animait par ses saillies spirituelles, tout en conservant la dignité convenable à son caractère. Il était aussi instruit qu'il était pieux, et il était rare qu'en parlant il ne laissât pas échapper quelque trait d'érudition ou quelque réflexion morale, mais sans affectation, sans pédantisme, et comme une suite naturelle, un entraînement forcé de la conversation. Il avait su se concilier l'affection et le respect de tous, et pas un d'entre nous ne se serait permis devant lui une de ces plaisanteries indécentes ou impies si communes alors dans la bouche des militaires. Ce qui était encore plus remarquable pour de jeunes officiers enfants de la révolution, c'était l'attention scrupuleuse que chacun apportait à ne pas le gêner ni l'interrompre quand il récitait son bréviaire, ce qu'il faisait régulièrement plusieurs fois par jour et à certaines heures. J'avais déjà entendu parler de lui au Caire, mais je ne l'avais jamais vu de près; aussi je fus très-content de la circonstance qui me rapprochait de lui et me donnait l'occasion de cultiver une si précieuse connaissance.

Vers dix heures du matin, nous fîmes halte dans une plaine agréable entourée de montagnes assez élevées; nous n'étions qu'à trois lieues du camp à vol d'oiseau, et le vent qui venait du nord nous portait le bruit d'une vive canonnade. Nous supposions que le général en chef avait fait donner un second assaut; mais ce n'était, comme nous l'avons su plus tard, qu'une vigoureuse sortie de l'ennemi.

Le soir, nous arrivâmes près d'un village dont les habitants nous accueillirent de leur mieux; ils nous donnèrent pour notre dîner des espèces de galettes de farine de froment et des œufs sur le plat en abondance. Nous passâmes la nuit fort tranquillement, et à la pointe du jour nous reprîmes notre route sur le Jourdain. Le chemin pierreux que nous parcourions était souvent diversifié, et nous étions enchantés en comparant le coup d'œil sévère, mais cependant agréable, du pays que nous traversions, avec l'aspect poudreux et monotone des campagnes brûlantes de l'Égypte.

Après avoir marché une partie de la journée, nous arrivâmes sur un plateau qui unissait deux chaînes de collines, et nous découvrîmes sur notre gauche le roc pointu sur lequel s'élevait le fort de Sâfed. Il ressemblait de loin à ces châteaux du moyen âge que nous voyons en France. Au pied de ce château se dessinaient les maisons blanches de la ville, qui entourent en partie le fort.

Après avoir descendu le plateau, nous traversâmes une vallée étroite, arrosée par un petit torrent qui prenait sa source dans les montagnes voisines, et dont les eaux faisaient tourner des moulins dépendant de la ville du même nom. Nous suivîmes ce torrent en montant la montagne de Sâfed ; nous y arrivâmes bientôt. Nous fûmes accueillis fort amicalement par les habitants et par le cheik Daher, qui nous apprit qu'un faible corps de Maugrabins qui occupait le fort l'avait abandonné à notre arrivée. Notre marche avait été si secrète, que quelques hommes de la garnison sortaient de la ville à l'instant où nous y entrions : on les poursuivit, et le capitaine Colbert fit deux prisonniers, parmi lesquels se trouvait le commandant du fort : c'était un homme âgé et respectable. Il pleurait, et paraissait surtout regretter les bijoux qu'il avait perdus dans sa fuite, et qui lui avaient été pris. Le capitaine Colbert, sensible à la malheureuse position de ce vieillard, dont le fils avait voulu partager le sort de son père, lui rendit deux plaques de ceinture fort richement ornées. Ce pauvre homme, qui s'attendait sûrement à recevoir la mort, fut fort étonné de la générosité de ses ennemis; le général Murat lui fit entendre qu'il ne le gardait que par précaution, et pour mieux le tranquilliser il le fit coucher auprès de lui.

L'infanterie se logea dans le château; la cavalerie et le quartier général s'établirent dans des maisons à la droite du fort. A la pointe du jour, le général Murat, laissant la cavalerie à Sâfed, prit un détachement d'infanterie, dont je faisais partie, pour aller pousser une reconnaissance jusqu'au pont d'Yacoub, sur le Jourdain. Nous descendîmes la montagne de Sâfed du côté qui regarde la chaîne du Liban. Le P. Francesco, qui nous accompagnait et avait visité plusieurs fois la Palestine, m'indiqua sur notre gauche la direction de Césarée, dont nous n'étions éloignés que de quelques lieues, en me rappelant que c'était dans cette ville, habitée par Philippe le Tétrarque, que Jésus-Christ avait annoncé à ses disciples le mystère de ses souffrances et de sa mort.

Après une heure un quart de marche, nous nous trouvâmes dans la plaine de Jacob ou d'Yacoub, comme l'appellent les Arabes. C'est dans cette plaine, et non loin du pont qui porte encore son nom, que, suivant la tradition, le patriarche Jacob vit en songe l'échelle mystérieuse qui de la terre s'élevait jusqu'au ciel, et sur laquelle montaient et descendaient les anges du Seigneur, et le Seigneur lui-même, appuyé sur l'échelle, lui annonçant qu'il lui donnerait la terre sur laquelle il reposait. Bientôt nous découvrîmes le lac de Génésareth, ou mer de Galilée, appelée aussi lac de Tibériade, et par les Arabes lac de Tabarieh. Nous arrivâmes enfin au pont de Jacob, où nous fîmes halte pour nous reposer et nous rafraîchir. Ici le Jourdain coule dans un lit très-resserré ; on ne l'aperçoit que quand on est sur les collines qu'il sépare. La pente en est rapide, et ses bords, couverts en quelques endroits d'arbustes touffus, sont d'une approche difficile. Chacun de nous voulut se désaltérer à l'eau de ce fleuve, si célèbre par les miracles dont il a été témoin. « C'est près de l'endroit où nous sommes, nous dit le P. Francesco, que ce fleuve divisa ses eaux pour laisser un passage libre aux Israélites conduits par Josué ; c'est également non loin d'ici que Jésus-Christ reçut dans ces mêmes eaux le baptême de Jean, et que sa divine mission fut révélée au monde par ce saint précurseur. »

N'ayant rien découvert qui pût nous faire croire au rassemblement ou passage de quelques troupes, nous revînmes le même jour à Sâfed. Nous y séjournâmes le 2 avril, et le 3 nous reprîmes la route d'Acre, après avoir laissé une petite garnison dans le fort de Sâfed. Le 4 avril nous étions rentrés dans le camp.

Si le rapport du général Murat était rassurant pour le pays qu'il venait de visiter, il n'en était pas de même de ceux qui parvenaient de Nazareth et d'autres côtés. De toutes parts on annonçait la formation de rassemblements considérables sur le Jourdain. Bientôt le commandant du fort de Sâfed écrivit que les ennemis avaient passé le Jourdain au pont de Jacob ; en même temps le général Junot mandait de Nazareth que l'armée de Damas avait passé ce fleuve à Djesz-el-Makanié, et établissait de forts magasins à Tabarieh.

Le général Junot, dans une reconnaissance (8 avril), rencontra l'avant-garde de l'armée ennemie, forte de cinq mille hommes, dans la plaine de Chanaan; il soutint contre elle un brillant combat, dans lequel se signala surtout le colonel Duvivier, commandant le 14me de dragons, et força l'ennemi à se retirer en désordre vers Fouli. On a donné à cette rencontre le nom de combat de Nazareth.

Bonaparte, instruit de l'affaire du 8, ordonna aussitôt à Kléber d'aller, avec le reste de sa division, renforcer Junot, et à Murat de ramener au pont de Jacob sa colonne mobile, qui fut complétée à mille hommes de toutes armes, avec une petite pièce légère et une compagnie de dragons. Tout le reste se composait d'infanterie.

Nous quittâmes donc encore une fois le camp le 13 avril, et reprîmes le même chemin qui nous avait conduits d'abord à Sâfed. Nous ne pûmes faire passer notre artillerie, et nous la laissâmes à moitié chemin. Parvenus au plateau d'où l'on aperçoit Sâfed, au lieu d'y monter en suivant le torrent comme nous l'avions fait la première fois, nous prîmes la droite et vînmes passer la nuit à l'entrée de la plaine de Jacob. Le général envoya un paysan au commandant du fort de Sâfed pour le prévenir de notre arrivée, et l'instruire des mouvements que nous devions faire à la pointe du jour, afin qu'il les secondât par une sortie. Ce fort était bloqué depuis deux à trois jours par les troupes arrivées de Damas; elles avaient même tenté de l'escalader, mais sans succès. Du reste, cette position est très-forte par elle même; c'est l'ancienne Béthulie, célèbre par le siége qu'elle soutint autrefois contre l'armée d'Holopherne, et qui dut son salut au courageux dévouement de Judith.

Le lendemain 15, nous débouchâmes au point du

jour dans la plaine de Jacob. Après avoir marché quelques instants sans rien apercevoir, nous distinguâmes en nous approchant du pont quelques cavaliers à notre droite ; leur nombre s'accrut rapidement, en même temps qu'une vive fusillade s'engageait dans les défilés des montagnes sur la gauche. C'était la garnison du fort qui, selon les instructions qu'elle avait reçues, chassait devant elle les Arabes qui l'entouraient. Murat envoya une compagnie de carabiniers renforcer la garnison, fit former le reste de son corps en deux bataillons carrés, et dirigea notre marche sur le pont de Jacob. Notre vue sema l'alarme au camp de l'ennemi ; sa cavalerie se répandit dans la plaine et commença à nous entourer. Nous nous avançâmes au pas de charge ; un premier feu de peloton tua et mit en fuite tout ce qui nous environnait. Nos soldats, échauffés par le feu et par l'espoir du pillage des tentes que nous apercevions sur l'autre rive du Jourdain, ne marchaient plus, ils couraient. En un instant cette riche et brillante cavalerie fut culbutée à la descente de la colline, et le pont se trouva trop étroit pour recevoir les fuyards, dont plusieurs tombèrent dans le Jourdain et s'y noyèrent. Si nous eussions eu la cavalerie de notre premier voyage, nous aurions couronné cette journée d'un succès bien plus complet. Quoique notre infanterie déployât dans sa course toute l'ardeur possible, elle ne put arriver assez à temps au sommet des collines rapides entre lesquelles coule le Jourdain, et d'où elle aurait facilement fusillé l'ennemi. Jamais déroute ne fut plus complète. Quoique l'ennemi fût cinq à six fois au moins plus nombreux que nous, il ne tint nulle part, et la rapidité de sa fuite fut telle, qu'il n'eût pas le temps d'enlever ses tentes ni ses munitions. Nous ne pouvions nou expliquer cette terreur panique ; car il n'avait perdu que peu de monde, et nous-mêmes nous n'avions pas eu un seul homme blessé.

Pendant que le général Murat poursuivait l'ennemi avec sa compagnie de dragons et les plus alertes de ses piétons, nous entrâmes dans le camp abandonné. En un instant les tentes et les coffres furent fouillés par les soldats. On trouva une immense quantité de confitures, de pâtisseries et de ces sucreries si renommées de Damas. On réserva intacte pour le général Murat une fort belle tente, qui avait appartenu au fils du pacha de Damas, commandant du corps d'armée que nous venions de mettre en déroute.

A son retour, le général fit réunir tous les objets qui ne pouvaient s'emporter, et y fit mettre le feu. On alla camper sur l'autre rive, en face de l'emplacement qu'occupait l'ennemi. Nos soldats soupèrent gaiement avec des confitures et de la pâtisserie, et passèrent la nuit sous les tentes qu'ils avaient transportées.

Le fort de Sâfed était débloqué, sa garnison renforcée, l'ennemi rejeté pour longtemps au delà du Jourdain ; il restait à Murat, pour achever sa mission, à s'emparer de Tabarieh, où l'ennemi avait concentré tous ses magasins.

Le 16 avril, nous traversâmes de nouveau la plaine de Jacob dans sa longueur, et nous approchâmes des bords de la mer de Galilée ou lac de Tibériade. Nous laissâmes sur notre gauche, presque à l'embouchure du Jourdain, Bethsaïde, où Jésus-Christ fit embarquer ses disciples et vint les joindre en marchant sur les eaux. Au moment où nous les côtoyions, le lac était agité, et je me représentai ce jour où notre divin Sauveur calma la tempête, alors que ses disciples effrayés lui criaient : « Seigneur, sauvez-nous, car nous périssons. »

Le 17 avril, nous arrivâmes à Tabarieh. Cette ville est entourée d'une bonne muraille, mais sans fossés. L'ennemi l'avait abandonnée dans la nuit, ce qui était fort heureux ; car il nous eût été impossible de prendre Tabarieh d'assaut, et encore plus d'en faire le siége sans artillerie et sans vivres. Nous y trouvâmes des magasins immenses, qui auraient suffi à nourrir notre armée pendant une année entière. Malheureusement Tabarieh était à trois grandes journées du camp, et cette distance rendait les transports difficiles ; néanmoins on en tira des grains qui nous nourrirent pendant le reste du siége d'Acre.

Tandis que nous mettions en déroute un détachement de l'armée de Damas, le corps principal de cette armée était aux prises d'une manière bien plus sérieuse et éprouvait une défaite bien plus sanglante et plus décisive sur un autre point. Nous avons dit que Kléber était parti avant nous pour aller rejoindre Junot à Nazareth. Il apprit en arrivant que les troupes battues par Junot occupaient toujours le village de Loubi ; il résolut de les en déloger. Il engagea avec elles un combat dans la journée du 11, et parvint à les repousser jusqu'au Jourdain ; mais il ne put empêcher la réunion des différents corps de l'armée du pacha de Damas, qui se concentrèrent dans les journées du 12 et du 13, et opérèrent même leur jonction avec les Naplousins. Le 14, cette armée, forte d'au moins trente mille hommes, dont vingt mille de cavalerie, vint camper dans la plaine qui s'étend au pied du mont Thabor.

Kléber expédia aussitôt à Bonaparte un courrier pour l'informer de toutes ces circonstances et lui demander

8*

quelques renforts, lui annonçant que son intention était d'aller, dans la nuit du 15 au 16, tourner le gros de l'armée ennemie et tenter de surprendre son camp, établi dans la plaine située entre le mont Thabor et le Jourdain.

Bonaparte, tout en approuvant l'ardeur de Kléber, craignit qu'il n'eût formé une entreprise au-dessus de ses forces en attaquant trente mille hommes avec trois mille au plus. Il résolut aussitôt, au lieu de lui envoyer des renforts, d'aller lui-même le seconder avec toutes les forces dont il pourrait disposer sans compromettre le siége d'Acre. Il prit en conséquence toute la division Bon, le reste de la cavalerie et huit pièces d'artillerie, et partit le 15 avril à une heure après midi. Il marcha toute la nuit et campa sur les hauteurs de Safarieh. A l'aube du jour, le 16, il se mit en marche suivant les gorges qui tournent les montagnes. A neuf heures du matin il découvrit toute la plaine, et à trois lieues nord-est il distingua avec sa lunette, au pied du mont Tabor, deux petits carrés de troupes environnés de fumée : c'était évidemment la division Kléber entourée par toute l'armée ennemie, et combattant énergiquement.

Kléber n'avait pu exécuter son projet qu'en partie. Trompé par ses guides, il n'avait pu arriver au camp ennemi pendant la nuit. Il était six heures du matin quand il avait paru en vue de l'armée musulmane. Le pacha, prévenu à temps, s'était mis sous les armes, et ce fut lui qui, confiant en sa supériorité numérique, commença l'attaque. En moins d'une demi-heure nos deux à trois mille braves furent entourés et assaillis par vingt mille cavaliers, sans compter dix mille fantassins lancés de tous côtés en tirailleurs. Pendant plus de quatre heures nos soldats luttèrent contre cette multitude ; les cadavres des chevaux et des hommes qu'ils avaient abattus formaient une espèce de rempart devant les deux petits carrés français; cependant l'ennemi, loin de paraître découragé, renouvelait sans cesse ses attaques. La position de Kléber devenait périlleuse; les munitions allaient lui manquer, quand tout à coup on entend sur les derrières de l'armée turque deux salves d'artillerie partir de deux points opposés de la plaine. Ni Kléber ni les siens ne se méprennent sur la signification de ces décharges. *C'est Bonaparte, c'est le petit caporal!* s'écrient officiers et soldats, le front radieux d'espérance. A ces acclamations qui partent des rangs français, l'ennemi, qui dans ce moment même tentait un nouvel effort, s'arrête saisi d'étonnement. Kléber, d'après la double direction de la canonnade qu'il entend, a parfaitement saisi le dessein de Bonaparte ; il a deviné que le général en chef a divisé ses troupes en deux corps, de manière à former la base d'un triangle dont lui Kléber occupait le sommet, et dans le centre duquel était enfermé l'ennemi. La nouvelle ardeur qui anime ses troupes lui permet de seconder ce mouvement. Les trois côtés du triangle se resserrent, et l'ennemi, frappé, écrasé de toute part, soit par la mousqueterie, soit par la mitraille, s'enfuit en désordre dans toutes les directions. En un instant, toute cette multitude, qui, suivant les expressions des habitants du pays, *était innombrable comme les étoiles du ciel, comme les sables de la mer*, a disparu entièrement de la plaine en n'y laissant que des milliers de cadavres. Vivement poursuivis dans tous les sens, les fuyards n'échappèrent qu'en se précipitant derrière le mont

Thabor. Ceux qui parvinrent à gagner la rive opposée du Jourdain se dispersèrent dans les différentes provinces, et l'on n'en entendit plus parler.

Telle fut cette bataille du mont Thabor, où six à sept mille Français défirent et mirent en déroute plus de trente mille hommes. Nous reçûmes la nouvelle de ce brillant succès à Tabarieh, et nous comprîmes alors pourquoi l'ennemi ne nous avait pas attendus dans cette ville.

Les détails de cette victoire nous furent rapportés par des cavaliers de Kléber envoyés à la poursuite de l'ennemi, et chargés de ramener à Nazareth une certaine quantité de provisions des magasins de Tabarieh. Murat fit former un convoi de chameaux et de mulets qu'il avait à sa disposition, et me chargea de l'escorter avec un détachement d'infanterie. Je fus très-satisfait de cette mission, qui allait me permettre de visiter une partie de la terre sainte que je ne connaissais pas encore.

Je traversai dans cette route le champ de bataille témoin, deux jours auparavant, de la brillante valeur des Français; mais, en parcourant ce pays, j'étais moins préoccupé des événements récents qui venaient de s'y accomplir, que de ceux dont il avait été jadis témoin. Je ne pouvais faire un pas sans penser que je foulais aux pieds cette terre que le Sauveur du monde avait lui-même si souvent parcourue avec ses disciples, et où chacun de ses pas était, pour ainsi dire, marqué par un miracle. En sortant de Tabarieh, je suivis quelques instants la mer de Galilée, sur les bords de laquelle Jésus avait commencé à prêcher l'Évangile. C'était là qu'il avait appelé à lui ses premiers disciples, Pierre, André, Jacques et Jean, et que de simples pêcheurs de poissons il en avait fait des apôtres et des pêcheurs d'hommes. Au delà j'apercevais Capharnaüm, et je pensais à la guérison du lépreux, à celle du serviteur de ce centenier dont la foi si vive excita l'admiration du Fils de Dieu, et à tant d'autres miracles qu'il accomplit au même lieu. Puis devant moi s'élevait le mont Thabor, où Notre-Seigneur se transfigura en présence de Pierre, de Jacques et de Jean; peut-être aussi était-ce là la montagne d'où il adressa à la foule assemblée cet admirable discours qui contient le résumé de toute sa doctrine et de sa morale. Enfin nous arrivâmes à Nazareth, où l'ange Gabriel avait annoncé à la sainte Vierge qu'elle serait mère de Dieu, et où Jésus passa les premières années de sa vie mortelle. Ces pensées avaient tellement occupé mon esprit pendant le voyage, que je m'aperçus à peine de la longueur de la route.

Nous trouvâmes à Nazareth Bonaparte avec une partie de ses troupes. Il était descendu au couvent des pères de la terre sainte, et dans le moment même il assistait au *Te Deum* que les bons pères chantaient en action de grâces de la victoire du mont Thabor. Je me rendis à l'église, et je crus entrer dans une de ces belles cathédrales que j'avais tant admirées en Italie. Elle était resplendissante de l'éclat des cierges allumés; le saint Sacrement était exposé; l'orgue remplissait les voûtes de ses sons majestueux; l'air était embaumé des parfums de l'encens. Il me serait impossible de rendre l'impression que ce spectacle inattendu produisit en moi. Aux pensées qui m'avaient occupé toute la journée, à celles que m'inspiraient le lieu et la ville où je me trouvais, se mêlait le souvenir de mon enfance, quand j'allais avec ma pieuse mère assister à quelques-unes des belles et touchantes cérémonies de notre sainte religion. Hélas! ce culte de nos pères était aboli dans ma patrie, et je le retrouvais avec toute sa pompe dans les lieux qui furent son berceau. Je tombai à genoux, et je sentis mes yeux se remplir de larmes... Puis, en voyant Bonaparte agenouillé lui-même au pied de l'autel, je me disais : Oui, voilà la place du chef d'une armée française, et non pas dans une mosquée.

Je quittai l'église profondément ému, et j'étais bien loin de me douter que, de retour dans mon pays, je verrais le culte catholique rétabli par Bonaparte lui-même. Plus d'une fois j'ai assisté sous son règne à des *Te Deum* chantés pour célébrer ses victoires ; mais jamais je n'éprouvai d'émotion semblable à celle que j'ai ressentie à celui de Nazareth.

Le 19 avril, toute l'armée était rentrée au camp devant Acre. Le même jour, on apprit l'heureuse nouvelle que le contre-amiral Perrée venait de débarquer à Jaffa la grosse artillerie si longtemps attendue pour le siége d'Acre. Les travaux reprennent et se poursuivent avec activité. Le 24, on donne un nouvel assaut, mais encore sans résultat. Le 25, les nouvelles pièces sont mises en batterie ; mais les renforts que reçoit l'ennemi lui permettent de réparer les dégâts occasionnés par notre artillerie. Pendant ce temps-là, l'armée française éprouve des pertes irréparables. Ses meilleurs officiers, ses plus intrépides soldats, sont tués ou blessés. Caffarelli-Dufalga est blessé mortellement à la tranchée, et sa mort est un deuil général. La peste exerce de nouveau ses ravages, et l'armée commence à se décourager.

Enfin, après deux assauts furieux tentés dans les journées des 7 et 8 mai, Bonaparte put se convaincre qu'avec une armée non moins vaillante que celle des anciens croisés, il n'aurait pas comme eux la gloire de planter ses drapeaux sur les murs de l'antique Ptolémaïs. D'un autre côté les nouvelles qu'il recevait d'Égypte ne lui permettaient plus de différer son retour dans ce pays, déjà agité par des soulèvements partiels, et qui allait bientôt être envahi par une armée turque rassemblée à Rhodes. Il se prépare donc à la retraite en rappelant les postes avancés de Sâfed, de Tabarieh et de Nazareth, et en faisant évacuer sur Tentyra les malades et les blessés.

L'armée commença sa retraite le 20 mai, à neuf heures du soir, chemina toute la journée du 21, et arriva vers le soir à Tentyra. On arriva à Jaffa le 25, et l'on n'en repartit que le 29, pour se rendre à Gaza, que l'on atteignit en deux étapes. Le 1er juin, l'armée s'engagea dans le désert, dont la traversée à cette époque de l'année était bien plus pénible que quand nous l'avions passé en février. En effet, le soleil était plus ardent, l'eau plus rare et plus saumâtre, les rations de vivres moins copieuses. Les soldats, cependant, supportèrent mieux les fatigues et les privations que la première fois, soit qu'ils y fussent aguerris, soit que la perspective de trouver en Égypte du repos, une nourriture abondante, des vêtements et des chaussures, doublât leurs forces et aiguillonnât leur courage. On trouva, en effet, dès qu'on eut franchi le désert, d'immenses magasins qui nous attendaient à Katieh, à Salahied et à Matarieh. Aussi ces dernières étapes furent moins une marche militaire qu'une promenade.

L'armée séjourna à Matarieh pendant quelques jours, afin de subir une espèce de quarantaine, de peur d'introduire le germe de la peste dans la capitale de l'Égypte, dont nous n'étions éloignés que de quelques lieues. On lava avec soin le linge et les habits ; on brûla ceux des effets qui ne paraissaient pas susceptibles d'être suffisamment purifiés ; puis, dans la soirée du 13, toute l'armée vint se loger à Coubbeh, un des principaux faubourgs du Caire, le général en chef ayant intention de faire le lendemain une entrée solennelle dans la capitale.

Le 14, dès le lever du soleil, les troupes se rangèrent en bataille pour recevoir une députation nombreuse, ayant à sa tête les généraux Dugua et Destaings, dont l'un commandait la ville, et l'autre la province du Caire. Cette députation était composée de tous les chefs civils et militaires français et indigènes, et de tous les personnages distingués par leurs richesses ou leur naissance. Tous firent leurs compliments au général Bonaparte, qui les reçut au milieu de son état-major. Le cheik El-Bekri lui offrit en cadeau un magnifique cheval arabe, noir comme le jais, et dont la housse était étincelante d'or (1). Il le pria d'accepter également l'esclave qui tenait la bride de l'animal. Cet esclave, c'était le mameluk Roustan, que Bonaparte emmena en France quelques mois plus tard, que nous avons vu pendant quinze ans suivre son maître comme son ombre et l'accompagner dans toutes ses campagnes à travers l'Europe, mais dont le dévouement n'alla point jusqu'à le suivre dans l'exil.

Désireux de persuader au peuple d'Égypte que les troupes françaises revenaient complétement victorieuses

---

(1) On peut voir cette housse, ainsi qu'une autre qui lui fut donnée aussi en Égypte, dans le musée des souverains, au Louvre, salle de l'empereur Napoléon.

de Syrie, Bonaparte ne négligea rien pour accréditer cette opinion. Notre entrée au Caire fut tout à fait triomphante ; pendant plusieurs heures l'armée défila au son des musiques militaires, au bruit des salves de l'artillerie ; en tête étaient portés les drapeaux pris à l'ennemi ; puis venaient les prisonniers syriens ramenés de l'expédition. On afficha une espèce de bulletin en turc et en arabe, contenant le récit le plus élogieux de la campagne, sans parler, bien entendu, de l'échec essuyé à Saint-Jean-d'Acre. Cet échec avait pourtant vivement impressionné Bonaparte, et il le regardait comme la destruction des brillantes et merveilleuses espérances qu'il avait conçues en Orient. Aussi il conserva toute sa vie rancune à sir Sidney-Smith, et dans le temps même où il était parvenu au faîte des grandeurs, on l'entendit plus d'une fois dire en parlant du commodore : *Cet homme m'a fait manquer une fortune.*

CHAPITRE IX

Conquête de la haute Égypte achevée par Desaix. — Prise de possession de Cosséir. — Administration de Desaix. — Il est surnommé le sultan *Juste*. — L'île de Philæ. — Ses monuments de tous les âges. — Inscription qu'y a fait graver Desaix. — Troubles dans la basse Égypte. — L'imposteur El-Modhi. — Il est tué dans un combat. — Cessation des troubles. — Réorganisation de l'armée. — Je suis nommé capitaine. — Bonaparte forme une commission de savants et d'artistes pour explorer la haute Égypte. — Je fais partie de cette expédition, et je suis attaché à l'état-major du général Desaix. — Visite aux ruines de Memphis. — Retour dans la haute Égypte. — Syène. — Description de Thèbes. — Karnac. — Les allées des Sphinx. — Palais de Louqsor. — Obélisques. — Leur forme, leur coupe, manière dont ils étaient extraits de la carrière. — Gournah. — Statues de Memnon. — Médinet-Habou. — Réflexions sur les monuments de l'Égypte. — La Nécropole ou ville des morts. — Tombeaux des rois. — Tombeau de Rhamsès-Méiamoum. — Description du sarcophage de ce tombeau. — Le général Desaix me rappelle.

L'expédition de Syrie avait duré près de quatre mois. Pendant ce temps-là Desaix avait achevé de conquérir le Saïd, et, s'il n'avait pu atteindre Mourad-Bey, il l'avait réduit à l'impuissance en le confinant dans le désert de Nubie; il n'eut plus dès lors qu'à réprimer les insignifiantes tentatives que le bey se risqua encore de temps en temps à faire dans la vallée supérieure du Nil.

Dans le mois de mars, Desaix s'était emparé du port de Cosséir, sur la mer Rouge, dont la possession était de la plus haute importance. D'abord c'était à Cosséir que débarquait la majeure partie des auxiliaires que Mourad tirait de l'Yémen. Ensuite c'est là, plus qu'à Suez, que les marchandises de l'Arabie s'échangent contre le blé, le riz et les autres productions de l'Égypte. Desaix fit mettre le château de Cosséir en bon état de défense, et y laissa une forte garnison, puis retourna sur le Nil.

Après avoir débarrassé l'Égypte supérieure des Maugrabins et des Arabes pillards qu'y avait laissés Mourad, Desaix en organisa les provinces comme Bonaparte avait organisé celles du Delta et de l'Égypte moyenne, c'est-à-dire de façon à trouver dans les pays les ressources nécessaires à l'entretien de ses soldats. Cette seconde partie de sa tâche ne fut pas la moins difficile; car en Égypte, d'après un usage séculaire, les habitants des villes et des campagnes ne vont jamais d'eux-mêmes verser l'impôt chez le receveur; il faut qu'on aille le leur demander, et ils ne le paieraient pas si on ne le leur demandait avec un certain appareil militaire; c'est, dans leur opinion, une marque de considération à laquelle ils sont fort sensibles. Desaix fut donc obligé d'éparpiller ses troupes dans toute la contrée et de la parcourir incessamment. Peu à peu, néanmoins, les éminentes qualités qui distinguaient ce général, son amour de la justice, sa franchise, sa douceur, rendirent de plus en plus faciles ses rapports avec les indigènes. Au Caire on avait surnommé Bonaparte le *sultan Kébir* ou le grand sultan; dans l'Égypte supérieure on surnomma Desaix le *sultan juste*.

Au-dessus des cataractes de Syène, le Nil, avant de former non pas une chute, comme l'ont dit tant de voyageurs anciens et modernes, mais, pendant deux lieues environ, une suite de petites cascades qui proviennent d'innombrables blocs de granit semés dans son lit, le Nil présente un assez vaste bassin où ses eaux dorment presque immobiles. Du milieu de ce bassin s'élève une île dont l'œil embrasse aisément tout le contour : c'est Philæ, l'île sainte de l'Égypte ancienne. Là, sous ses différentes races de rois, a toujours fini l'Égypte; là aussi plus tard se termina le vaste empire romain. Le pays environnant est nu et désert, les bords du fleuve sont hérissés de pics sinistres, l'île elle-même est entourée d'une lugubre ceinture de rochers; Philæ, cependant, repose doucement les yeux, car les temples et les palais qui la couvrent y montrent du moins, tout ruinés qu'ils sont, la trace de l'homme, et la verdure de ses palmiers tempère la tristesse de sa solitude. On trouve à Philæ des monuments de tous les âges. On y voit notamment, à côté des restes d'un temple d'Alhor, qui appartient à l'époque la plus reculée des Pharaons, ceux de deux autres temples d'une époque plus récente, et consacrés, l'un à Isis, l'autre à Osiris. On s'étonne de les voir si confusément rapprochés, et l'on se demande s'il n'y a point eu quelque chose de volontaire dans ce désordre. Tous ces édifices, toutes ces ruines, sont chargés non-seulement d'hiéroglyphes, mais encore de caractères hébreux, persans, grecs, romains, arabes, de dates calculées d'après toutes les ères, de noms propres orthographiés à la mode de tous les pays, de phrases empruntées à toutes les langues. Peuples ou individus, il semble que tous se soient montrés jaloux de laisser à Philæ une preuve de leur séjour ou de leur passage en Égypte. Desaix lui-même, qui se fit conduire à Philæ dans une de ses promenades militaires, non-seulement y planta le drapeau tricolore, mais voulut y perpétuer par une inscription le souvenir de l'expédition française.

Voici cette inscription, ou plutôt cette page d'histoire, telle qu'on la lit encore, après plus d'un demi-siècle, sur l'entablement de granit rouge où elle fut gravée :

« *Le 13 messidor, an VI de la République, une armée française, commandée par* BONAPARTE, *est descendue à Alexandrie. L'armée ayant mis, vingt jours après, les mameluks en fuite aux pyramides,* DESAIX, *commandant la 1re division, les a poursuivis au delà des cataractes.* — DAVOUT, FRIANT, BELLIARD, *généraux de brigade;* DONZELOT, *chef d'état-major;* LATOURNERIE, *commandant d'artillerie;* EPLER, *chef de la 21me légère.* — *Le 12 ventôse an VII de la République, 3 mars, an de Jésus-Christ 1799* (1). »

La tranquillité la plus parfaite avait régné dans la haute Égypte pendant tout le temps de notre expédition de Syrie. Il en avait été de même dans la basse Égypte pendant les deux premiers mois; mais vers le milieu d'avril, de vagues rumeurs ayant annoncé que Bonaparte était arrêté devant Saint-Jean-d'Acre, et que son armée allait être cernée et taillée en pièces par une puissante armée turque, des soulèvements partiels eurent lieu dans le Delta. Un imposteur qui se faisait passer pour l'ange El-Modhy, lequel, selon le Coran, vient secourir les fidèles musulmans aux époques de grandes calamités, débarqua à Derne, se présenta aux tribus arabes du désert de Barca, et leur annonça qu'Allah lui avait confié la mission d'exterminer les Français, dont la présence souillait l'Égypte.

(1) Le duc de Montpensier, visitant l'Égypte en 1846, a lu cette inscription et l'a recueillie dans son album.

Pour confirmer la divinité de sa mission, il répandait l'or à pleines mains, et se disait doué du don des miracles. Les balles des Français ne pourraient le blesser; loin de là, celles qui seraient lancées sur lui retourneraient contre ces mécréants. Par ses libéralités, par ses prétendus miracles, cet homme que personne ne connaissait, et qui venait on n'a jamais su d'où, recruta en peu de temps de nombreux fanatiques parmi les tribus du désert. Il pénétra avec eux en Égypte, se présenta, la nuit du 24 au 25 avril, dans la ville de Damanhour, qui n'était défendue que par un détachement de soixante Français. Vainement les malheureux soldats, presque surpris, opposèrent-ils à l'assaut d'un millier de furieux une résistance héroïque; obligés de chercher un refuge dans une mosquée, ils accablaient encore d'un feu terrible leurs ennemis, lorsque l'ange El-Modhy fit incendier l'édifice. En quelques minutes les flammes eurent étouffé les soixante Français.

Cette victoire attira à l'ange de nouveaux partisans. Les troupes cantonnées dans le voisinage étaient trop peu nombreuses pour éteindre cette insurrection. Les généraux qui commandaient la province furent obligés d'y réunir divers détachements pour combattre l'imposteur. Pendant ce temps-là, Mourad-Bey, averti des troubles qui agitaient la basse Égypte, accourait à travers le désert pour joindre ses mameluks aux insurgés; mais quand il parvint aux environs des pyramides, il apprit que l'ange El-Modhy avait été complétement défait par le général Lanusse, et que, tout invulnérable qu'il se prétendait, il avait été tué d'un coup de feu. Mourad fut obligé de s'enfoncer de nouveau dans le désert; mais au lieu de remonter vers le Saïd il se dirigea, par la vallée du Fleuve-sans-Eau, vers les lacs Natrons, où il établit son camp.

Ces divers mouvements étaient à peine apaisés lorsque nous arrivâmes au Caire. Le retour de Bonaparte acheva de ramener le calme partout. Son premier soin fut de reformer les cadres de son armée. Dans ce travail je fus nommé capitaine : avancement qui me fut accordé sur le rapport du général Murat, à l'occasion de l'expédition du pont de Jacob. En peu de jours les troupes reçurent une organisation nouvelle, furent à même de reprendre leurs travaux, et furent réparties de manière à faire face partout aux dangers de la situation.

Aucun détail n'échappait à Bonaparte : le Saïd, à cause de son éloignement du Caire, et parce que la guerre s'y était plus prolongée qu'ailleurs, n'avait pu être visité que par un très-petit nombre de savants et d'artistes, tels que M. Denon et quelques autres aussi courageux que lui. Cependant le Saïd, qui renferme tant de superbes ruines, offrait, plus encore peut-être que la basse et la moyenne Égypte, un champ merveilleux aux investigations et aux études des érudits. Bonaparte tint à honneur de ne laisser à personne la gloire d'ouvrir aux sciences et aux arts une mine si féconde. Il nomma une commission à cet effet ; il la divisa en deux sections, dont la première eut pour chef le secrétaire de l'institut d'Égypte, Fourier ; et la seconde, le géomètre Costaz ; il rédigea pour chacune d'elles une série de questions relatives aux procédés agricoles, aux produits industriels, à l'histoire et aux traditions du pays. Une circulaire adressée à Desaix et à ses principaux lieutenants leur recommandait instamment de protéger par tous les moyens en leur pouvoir la vie et les recherches des membres de cette commission.

J'obtins cette fois, plus facilement encore que la première, la faveur d'accompagner la commission ; j'obtins même plus, ce fut d'entrer avec mon nouveau grade dans l'état-major du général Desaix.

En attendant notre départ, qui devait avoir lieu dans huit à dix jours, je visitai les environs du Caire, que je n'avais pas eu le temps d'examiner avant l'expédition de Syrie. J'étais souvent accompagné dans ces courses par le respectable père Francesco, qui était revenu au Caire avec nous, et dont je n'avais cessé de cultiver l'amitié. Il me servit de guide et de cicerone ; car, depuis nombre d'années qu'il habitait le Caire, il était peu d'objets dignes des recherches du savant qui eussent échappé à ses regards.

Il me conduisit un jour au village de Mitrahenny, situé sur la rive gauche du Nil, en m'annonçant qu'il avait quelque chose de bien curieux à me faire observer. Après avoir traversé le village, qui ressemblait à tous ceux que j'avais vus sur les bords du Nil, nous entrâmes dans une plaine où l'on apercevait par-ci par-là quelques bouquets de palmiers, puis des monticules de sable ; à notre droite s'élevaient les pyramides de Giseh, et plus loin devant nous on apercevait celles de Sakkara. C'était à peu près la route que j'avais suivie en revenant avec le général Dumas de la poursuite des Bédouins. « J'ai déjà parcouru cette solitude, dis-je au père Francesco, mais je n'y ai rien aperçu de remarquable. — Attendez un peu, » me répondit-il ; et nous marchâmes encore pendant un quart d'heure. Enfin nous arrivâmes auprès d'un énorme bloc de pierre que le père m'engagea à examiner. C'était une statue colossale renversée et mutilée. La pierre était un calcaire siliceux blanc, très-compacte, et susceptible de recevoir le poli. Près de là se trouvaient quelques entablements en granit, qui probablement supportaient la statue. A quelques pas plus loin gisait une petite statue en granit rouge, dont les poignets étaient brisés. A une centaine de pas au sud, nous trouvâmes un bloc de marbre sur lequel était sculpté le dieu du Nil, et un peu plus loin, deux statues de granit rouge, dont l'une est fruste, et l'autre assez bien conservée.

« Eh bien, me dit le bon père en souriant, comment trouvez-vous ces restes d'antiquités? — Fort beaux sans doute, répondis-je; mais je vous avoue que, d'après ce que vous m'aviez annoncé, je m'attendais à voir quelque chose de plus extraordinaire, de plus merveilleux. — Je le crois; mais ce qu'il y a ici de plus extraordinaire, de plus digne des méditations de l'homme, c'est précisément ce qu'on n'y voit pas. — Je ne saurais vous comprendre, expliquez-vous. — Cette immense solitude que nous parcourons depuis quelques heures est l'emplacement d'une des plus anciennes et des plus grandes villes du monde, dont les ruines mêmes ont disparu presque entièrement, car il n'en reste que les quelques débris que vous avez sous les yeux. — Comment! m'écriai-je, serait-ce ici l'emplacement de Memphis? je croyais que sa véritable position était encore ignorée (1). — Elle l'était effective-

---

(1) L'emplacement de Memphis a été reconnu et décrit par M. Jamard, un des savants de l'expédition, et il a rendu compte de ses précieuses recherches dans sa *Description générale de Memphis,* insérée dans le grand ouvrage sur l'Égypte. Jusque-là cet emplacement était resté l'objet de doutes historiques, que le travail de la commission a levés.

ment; mais depuis longtemps je croyais l'avoir retrouvée, et je viens d'être confirmé dans mon opinion par un de vos savants français, qui m'a communiqué le résultat des travaux auxquels il s'est livré avec d'autres membres de la commission, pendant que nous étions en Syrie. »

Mes regards cessèrent alors de se fixer sur les statues qui se trouvaient près de moi ; ils se portèrent involontairement sur tous les points de l'horizon, comme pour chercher les limites que devait avoir cette ville immense. « Elle s'étendait, me dit le père Francesco, qui sembla deviner ma pensée, depuis Giseh et les pyramides de ce nom jusqu'aux pyramides de Sakkara. Ces monuments étaient les tombeaux des rois de Memphis. D'un autre côté elle touchait au Nil vers le village de Mitrahenny que nous avons traversé, et allait jusqu'aux villages de Bredechsin et de Menf. D'après les limites qui s'accordent avec les données recueillies dans le texte des auteurs grecs et latins, on donne à Memphis dix mille mètres de long sur cinq mille de large. Les places, les jardins et autres lieux publics occupaient une partie de cette surface, et on évalue sa population à sept cent mille habitants.

— Memphis ne fut que la seconde capitale de l'Égypte, Thèbes en fut la première, et existait longtemps avant sa rivale ; car les historiens nous ont conservé l'origine de Memphis, mais aucun document historique n'indique la fondation de Thèbes. Cependant cette dernière nous saisit d'admiration quand on foule le sol où elle existait, par le nombre et la magnificence des restes de ses anciens monuments; tandis que Memphis est rasé, et que je ne vois que des bois de palmiers et des sables qui en couvrent la surface.

Pourriez-vous, mon père, me dire la cause de cette différence?

— Il y en a plusieurs. D'abord, les matériaux qui ont servi à la construction des monuments de Thèbes sont presque tous en granit, tandis qu'à Memphis on a fait principalement usage de la brique et de la pierre calcaire, qui résiste moins à l'action du temps; puis Thèbes est située dans une partie reculée du sud de la haute Égypte; elle fut pour cela moins exposée aux invasions des barbares, venus presque toujours de l'est, tels que les Pasteurs et Cambyse. Ce dernier porta de rudes coups à la prospérité de Memphis. Plus tard, la fondation d'Alexandrie enleva à Memphis une grande partie de son importance politique et de sa population. Les Arabes achevèrent de la détruire. Les canaux qui préservaient la ville des dépôts du Nil furent négligés, et le Nil en couvrit bientôt le sol; les sables de la Libye s'avancèrent sur des terrains incultes et abandonnés; et les ruines mêmes de Memphis furent ensevelies sous un lit de sable et de limon. Des villes nouvelles s'élevèrent dans son voisinage, et les matériaux de ses temples et de ses palais servirent à construire les édifices des nouveaux conquérants de l'Égypte. Ainsi, les pierres de la citadelle du Caire, couvertes d'hiéroglyphes, proviennent évidemment des ruines de Memphis. »

Nous reprîmes le chemin du Caire en continuant à nous entretenir de cette grande cité, une des plus remarquables qui aient jamais existé pour l'étendue, le nombre, la grandeur et la splendeur de ses monuments publics, pour la profusion, inconnue dans les sociétés modernes, des productions des arts qui l'embellissaient, pour sa population extraordinaire, surtout pour son importance comme centre très-actif du commerce universel de l'Orient.

Nous rappelâmes aussi, au nombre des événements les plus mémorables qui se sont passés à Memphis, ceux qui se rapportent aux personnages de l'histoire sainte. Thèbes n'est point nommée dans la Bible ; c'est avec Memphis qu'Abraham, Joseph, Jacob, Moïse et le peuple israélite furent en rapport. Du temps de Joseph, les Pasteurs ou Scythes étaient les maîtres de l'Égypte, et c'est Memphis qui fut le chef-lieu de leur autorité. Les Israélites y furent protégés tant que vécut Joseph et tant que durèrent les rois de cette race. Quand vint ce roi nouveau qui, dit la Bible, ne connaissait pas Joseph, c'est-à-dire, suivant les historiens, l'avénement de la dix-huitième dynastie égyptienne, les Israélites furent maltraités, et Moïse entreprit alors leur délivrance. C'est de Memphis, à vingt-cinq lieues du bras droit de la mer Rouge, qu'il partit pour aller, disait-il, sacrifier au Seigneur dans le désert. On trouve encore, sur la rive orientale du Nil, un lieu nommé Hadjeroth, qui paraît être le Hahiroth où les Israélites campèrent le troisième jour. C'est aussi vers ce point qu'ils passèrent la mer Rouge à pied sec.

Cette conversation, comme on le pense bien, fut entremêlée de réflexions sur la vicissitude des grandeurs humaines, dont l'Égypte nous offre à chaque pas tant d'exemples, mais dont aucun n'est aussi frappant que celui de Memphis ; et je répétai plus d'une fois ces vers que nous avait récités le docteur *** dans notre promenade nocturne à Thèbes :

> Où sont, fière Memphis, tes merveilles divines ?
> Le temps a dévoré jusques à tes ruines.

Quelques jours après, nous nous mîmes en route pour la haute Égypte. Aucun incident extraordinaire ne marqua notre voyage. La sécurité la plus parfaite régnait dans ce pays que j'avais visité quelques mois auparavant au milieu du tumulte des armes. Nous remontâmes le Nil, sans nous occuper de recherches scientifiques, l'intention de la commission étant de commencer ses travaux par l'île de Philæ, dernière limite de l'Égypte, puis de les continuer en descendant. Nous nous arrêtâmes quelques jours à Siout pour remettre au général Desaix les lettres de Bonaparte. Quoique je fisse désormais partie de son état-major, il m'accorda sans peine la permission de continuer à commander l'escorte qui accompagnait la commission, et il me donna même des pouvoirs pour requérir au besoin les secours des divers postes que je trouverais sur notre route.

Nous continuâmes bientôt notre voyage, et nous arrivâmes à Philæ vers les premiers jours de juillet. J'ai dit, en commençant ce chapitre, ce que cette île offre de plus remarquable. Nous revînmes ensuite à Syène, où nous visitâmes les célèbres carrières de granit de la haute Égypte; puis à Ombos, à Edfou, et dans d'autres localités voisines, où nos artistes firent des fouilles et des recherches; enfin nous arrivâmes à Thèbes, où nous devions faire notre plus longue station.

C'était la troisième fois que je voyais les ruines de cette ville, et j'étais encore aussi émerveillé que la première. Seulement, au lieu d'être réduit comme auparavant à saisir rapidement l'ensemble de cette vaste cité, cette fois j'eus le temps de l'étudier en détail et de me rendre mieux compte de ses divers monuments.

Voici une description sommaire, mais exacte, de cette ville.

Thèbes était bâtie sur les deux rives du Nil. En remontant le fleuve on rencontre d'abord, sur la rive orientale, Karnac, qui renferme les plus majestueux édifices de l'ancienne Égypte. De là une avenue de sphinx conduisait au palais de Louqsor. Sur la rive occidentale, presque en face de Karnac, on trouve le palais de Gournah. En continuant à remonter le fleuve, et en s'éloignant de ses bords, on arrive à un monument qui, dit-on, était le fameux tombeau d'Osymandias (1). En remontant encore presque parallèlement au fleuve, mais en s'en rapprochant un peu, on parvient aux colosses de Memnon. Enfin il reste un grand ensemble de monuments qu'on retrouve plus loin, toujours en remontant le cours du fleuve ; c'est ce qu'on appelle Medinet-Habou. Ainsi, sur la rive droite, deux groupes de monuments : Karnac et Louqsor; sur la rive gauche : Gournah, le tombeau d'Osymandias, les colosses de Memnon et Medinet-Habou. Tels sont les points qu'il faut graver dans sa mémoire pour pouvoir se reconnaître dans la vaste plaine où fut Thèbes. La véritable ville d'Ammon ou Diospolis occupait la rive droite. La rive gauche confinait à la nécropole, laquelle était située comme toujours au couchant, parce que la région du couchant était la région des morts. Elle est représentée par une chaîne de collines nues, criblées de grottes funéraires.

Nous visitâmes d'abord Karnac. Après avoir traversé un petit bois de palmiers, on rencontre un vaste pylône

---

(1) M. Champollion a reconnu ce monument comme l'œuvre de Rhamsès le Grand, et l'a appelé *Rhamaseum*.

(espèce de portail particulier à l'architecture égyptienne), large comme la moitié de la façade des Invalides et haut comme la colonne de la place Vendôme. Il n'a pas été achevé. Par ce pylône on entre dans un vaste péristyle au milieu duquel s'élevaient douze colonnes. Toutes, une seule exceptée, ont été couchées par un tremblement de terre. Les tambours restent accolés les uns aux autres comme une pile de dames renversée. En face est un second pylône placé en avant de la merveilleuse salle à colonnes qu'on appelle la salle Hypostyle de Karnac. Ici on commence à éprouver le sentiment du gigantesque. Le tremblement a fait crouler un des massifs du second pylône, qui présente maintenant l'aspect d'un éboulement de montagne. Une statue colossale et mutilée se tient debout au seuil de la grande salle : c'est l'image de Sésostris ou de Rhamsès III. Quand je pénétrai dans la salle, je restai frappé d'admiration ; jamais spectacle plus magnifique ne s'était offert à mes yeux. On dirait une forêt de tours en voyant ces cent trente-quatre colonnes, égales en grosseur à la colonne de la place Vendôme, dont les plus hautes ont soixante-dix pieds et onze pieds de diamètre, toutes couvertes du haut en bas d'hiéroglyphes et de bas-reliefs ; les chapiteaux ont soixante-cinq pieds de circonférence ; la salle a trois cent dix-neuf pieds de long, presque autant que Saint-Pierre de Rome, et plus de cent cinquante pieds de large. Ni les temps ni les divers conquérants qui ont ravagé l'Égypte n'ont ébranlé cette impérissable architecture ; elle est exactement ce qu'elle était il y a trois mille ans, à l'époque florissante de Rhamsès et de Moïse. Cette salle était entièrement couverte ; on voit encore une des fenêtres qui l'éclairaient. Ce n'était point un temple, mais un vaste lieu de réunion destiné sans doute à ces assemblées solennelles qu'on appelait des panégyries.

Les murs de l'édifice sont couverts de tableaux en bas-reliefs formant, pour ainsi dire, une épopée homérique. Chaque compartiment est comme un chant distinct. Ces tableaux représentent les exploits de plusieurs Pharaons. Je n'essaierai pas de les décrire; ils ont été dessinés fidèlement par les membres de la commission des arts, et ils ont été gravés dans le grand ouvrage sur l'Égypte. Je citerai seulement un tableau du mur méridional de la grande salle, représentant un roi d'Égypte nommé *Sésonch*, traînant aux pieds de ses dieux un grand nombre de figures humaines; toutes portent écrits sur la poitrine les noms des peuples et des pays dont elles sont des personnifications. Un de nos savants a lu très-distinctement sur la poitrine d'une de ces figures ces deux mots hébreux : *Joud melk*, ce qui signifie, non pas royaume, mais roi de Juda. Ainsi le roi Sésonch de Karnac est évidemment le roi égyptien nommé *Sésac* dans la Bible, qui, d'après le récit des livres saints, a pris Jérusalem et emmené captif le roi Roboam. — Je n'ai cité ce fait que pour faire voir une fois de plus à quel point l'histoire des rois d'Égypte est intimement mêlée aux narrations de la Bible, et que les découvertes de nos plus savants archéologues arriveront de plus en plus à démontrer que l'histoire du peuple égyptien et du peuple hébreu se prêtent un secours mutuel, et concourent par leurs témoignages à la manifestation de la vérité.

Outre la merveilleuse salle dont je viens de parler, Karnac offre encore beaucoup de monuments curieux, mais qu'il serait même trop long de mentionner.

De l'angle sud-ouest des ruines de Karnac part une allée de sphinx à têtes de bélier qui se dirige vers le sud, et allait autrefois rejoindre le palais de Louqsor. Une autre allée de sphinx, presque parallèle à la première, conduisait à une enceinte en briques vers le milieu de laquelle est une pièce d'eau ; cette enceinte renfermait plusieurs monuments et des débris de colonnes. Quel aspect majestueux devait offrir cette double file d'images mystérieuses se prolongeant ainsi presque en ligne droite pendant une demi-lieue, et réunissant deux masses de palais telles que l'Europe n'en connaît point!

Louqsor est, comme Karnac, un assemblage de monuments de différents siècles ; mais cet assemblage est moins considérable. La partie la plus ancienne de ces monuments est l'œuvre d'Aménophis III, que les Grecs appellent Memnon, et dont le double colosse s'élève sur la rive opposée.

Au nord de ce monument, une galerie de colonnes conduit à un autre édifice qui a été construit par Rhamsès le Grand. Ici, comme à Karnac, on retrouve l'architecture majestueuse du Pharaon conquérant. L'édifice de Rhamsès se compose d'une grande cour entourée par un portique, et qui couvre une superficie de deux mille cinq cents mètres. En avant du pylône qui précède l'entrée de cette grande cour, s'élevaient, à l'époque où je l'ai visitée, deux magnifiques obélisques. L'un d'eux, le plus beau et le mieux conservé, a été depuis transporté à Paris et érigé sur la place de la Concorde.

Les obélisques sont une invention tout à fait particulière à l'Égypte, et les ouvrages les plus simples de l'architecture de ce pays célèbre. Tous les obélisques égyptiens sont d'une seule pierre ou monolithes, de granit rose, tirés des carrières de Syène, dans la haute Égypte, et leur forme est celle d'un long prisme quadrangulaire se rétrécissant insensiblement de la base au sommet, et se terminant par une petite pyramide appelée pyramidion. Les quatre faces du monolithe ont reçu un poli parfait et brillant. Les arêtes sont vives et bien dressées; mais les faces ne sont point pour cela exactement planes; elles ont à l'extérieur une convexité proportionnelle (qui, dans l'obélisque de Paris, pour la coupe, est de quinze lignes) telle, qu'on ne saurait y voir une méprise de l'architecte. Les Égyptiens, attentifs et minutieux observateurs des phénomènes naturels, s'étaient aperçus que par l'effet d'une lumière brillante, et de l'illusion que produit le contraste des parties voisines plus éclairées les unes que les autres, la surface parfaitement plane d'un obélisque devait paraître concave; la légère convexité qu'ils donnaient à l'extérieur des faces de ces monuments avait pour but de corriger cette erreur d'optique.

La longueur des obélisques connus varie depuis cinquante pieds jusqu'à cent vingt; les formes et la matière sont les mêmes; il n'y a de différence que dans les dimensions. Voici les dimensions exactes de l'obélisque de Paris : *Hauteur du fût*, 20 mètres 89 centimètres; *hauteur du pyramidion* un peu altéré, 1 mètre 94 centimètres; total : 22 mètres 89 centimètres, ou 70 pieds 2 pouces 5 lignes. — *Largeur*, face est, 2 mètres 44 centimètres; faces ouest, sud et nord, chacune 2 mètres 42 centimètres; pourtour à la base, 9 mètres 70 centimètres. — Base du pyramidion, nord et sud, chaque côté, 1 mètre

50 centimètres ; ouest et est, chaque côté, 1 mètre 58 centimètres. — Le poids total du monolithe est évalué à 220,528 kilogrammes.

Pour tirer les obélisques de la carrière de Syène, on les taillait sur la place même, et on terminait, autant qu'on pouvait, l'obélisque sur trois de ses faces, tandis qu'il adhérait encore à la carrière par la quatrième face. Une rainure profonde était ensuite pratiquée sur toute la longueur du fût, des coins de bois y étaient introduits ; puis on les mouillait uniformément, et le bois en se gonflant acquérait une force d'expansion suffisante pour détacher l'obélisque en un seul bloc. On le transportait ensuite par terre dans le lieu où il devait être achevé et élevé, placé sur un traîneau attelé d'hommes et d'animaux ; il faisait ainsi plusieurs centaines de lieues glissant sur le sable, qui se durcissait pour son passage au moyen de l'eau que répandait abondamment un homme placé pour cela sur l'avant du traîneau.

La pierre de l'obélisque terminé était livrée au sculpteur, qui y gravait en caractères sacrés les hiéroglyphes proprement dits, les textes rédigés par le collége des prêtres ; car les obélisques sont des monuments érigés d'autorité publique en l'honneur d'un roi dont ils rappellent et les victoires sur les ennemis et la munificence envers les dieux du pays.

En remontant la plaine de Thèbes du nord au sud, parallèlement au Nil, sur la rive gauche, on rencontre d'abord Gournah, monument de l'âge de Rhamsès, mais qui n'offre pas le même intérêt que Louqsor et Karnac. Plus loin on trouve les ruines du monument considéré longtemps comme le fameux tombeau d'Osymandias, dont Diodore de Sicile a fait une description si merveilleuse. Mais les savants de la commission d'Égypte, et ceux qui, sur leur indication, l'ont visité plus tard, ont reconnu que c'était un de ces monuments moitié palais et moitié temples tels qu'en élevèrent sur les deux rives du Nil les rois de la dix-huitième et de la dix-neuvième dynastie, et enfin que celui-ci avait été élevé en l'honneur de Rhamsès le Grand, comme ceux de Karnac et de Louqsor : de là ils lui ont donné le nom de *Rhamasseum*.

A peu de distance du Rhamasseum on trouve un vaste emplacement semé de débris que le limon du Nil a enfouis en partie, et que recouvrent en partie les hautes herbes. Ces tronçons de colonnes et ces fragments de statues gigantesques sont les restes du palais de Memnon ; c'est le nom donné par les Grecs au Pharaon Amenophis III, de la dix-huitième dynastie. Il ne reste plus du *Memnonium* que deux colosses de pierre, assis au milieu de la plaine de Thèbes, qu'ils remplissent de majesté. Celui qui est le plus au nord est connu sous le nom de *statue de Memnon*, célèbre dans l'antiquité par les sons qu'elle rendait au lever de l'aurore. Les bas-reliefs et les hiéroglyphes sculptés sur les troncs des deux colosses sont d'une perfection achevée. Soixante-douze inscriptions latines et grecques, les unes en prose, les autres en vers, couvrent la jambe énorme de la statue. Pour les lire on monte sur le pied, qui a un mètre d'épaisseur. Ces inscriptions sont des souvenirs laissés par de nombreux visiteurs, qui tous affirment avoir entendu la merveilleuse statue. On remarque au milieu de ces noms obscurs ceux de l'empereur Adrien et de Sabine sa femme. Les uns n'ont vu dans le prétendu miracle de la statue de Memnon qu'une jonglerie des prêtres égyptiens; d'autres l'ont expliqué par des causes toutes naturelles, et comme le résultat du passage brusque de la température nocturne à la température du jour, passage qui produit ce phénomène de sonorité sur certaines pierres appelées pour cela *phonolithes*. Mais comme depuis bien des siècles la statue de Memnon a cessé de faire entendre aucun son, la question est encore à résoudre.

Enfin Médinet-Habou complète l'ensemble des ruines de Thèbes. Les édifices de Médinet-Habou se composent de deux groupes de monuments, dont l'un appartient à l'élégante architecture du temps des Toutmosis, et l'autre à l'architecture majestueuse de l'âge des Rhamsès. A côté d'un petit temple de Toutmosis III se trouve ce qu'on appelle le pavillon de Rhamsès-Méiamoun, petit palais précédé de bâtiments immenses. Ce pavillon donne mieux qu'aucun autre en Égypte l'idée de ce qu'était une résidence royale. Au dehors, des consoles soutenues par des cariatides lui donnent un air d'élégance inaccoutumé; sur un mur on voit un tableau représentant plusieurs scènes d'intérieur, entre autres le roi Méiamoun jouant aux échecs avec la reine, ou du moins à un jeu dont les pièces et le damier ressemblent beaucoup aux pièces et au damier des échecs. Des objets semblables, ainsi qu'un échiquier, ont été trouvés dans un tombeau. Ce serait donc à tort que les Grecs auraient attribué l'invention de ce jeu à Palamède; il serait d'origine égyptienne; ce qui du reste paraît être l'opinion de Platon, qui attribue l'invention des échecs au dieu égyptien Thot.

En avançant vers le grand palais de Rhamsès-Méiamoun, on passe bientôt des proportions élégantes d'une maison de plaisance royale à la majesté d'un édifice de représentation solennelle; à la demeure intime de l'homme succède la résidence publique du Pharaon. Un grand pylône, dont les bas-reliefs rappellent les campagnes du roi, conduit dans une première cour, bordée à gauche d'une colonnade, à droite par une galerie que forment des piliers à figure humaine. Après avoir traversé cette première cour, et franchi un second pylône, on arrive à une seconde cour entourée d'un péristyle, soutenu ici par de magnifiques colonnes, là par de puissantes cariatides; cette cour est une des merveilles de l'Égypte. Nulle part la grandeur des Pharaons n'est représentée par une suite de bas-reliefs aussi remarquables que ceux de la grande cour de Médinet-Habou. Les murs extérieurs de cette cour sont couverts de bas-reliefs comme les murs intérieurs. Sur la paroi du sud est un calendrier sacré contenant l'indication des fêtes de chaque mois, c'est-à-dire un tableau complet de la vie religieuse des Égyptiens; mais ce curieux document est en partie enfoui sous le sol amoncelé contre le mur.

Tel est, bien sommairement encore, l'abrégé des merveilles qu'offre la ville de Thèbes aux yeux de l'observateur. J'ai passé plus de trois mois à les visiter, et il faudrait des années entières pour que rien n'échappât aux regards d'un examinateur scrupuleux; mais ce que j'ai vu m'a suffi pour me faire rendre hommage à la science et à la puissance d'un peuple qu'aucun autre n'a égalé pour le nombre, la magnificence et la convenance des monuments publics; qui couvrait de sculptures peintes ses édifices de trente mille pieds carrés, qui les asseyait sur des suites de colonnes de dimensions semblables à celles de la colonne de la grande armée à Paris; qui ne connut pas la voûte, parce qu'il avait d'énormes matériaux dont il maniait la masse avec une facilité et une précision que nous ne pouvons expliquer, et à laquelle nous ne pourrions peut-être pas atteindre, malgré la puissance de nos appareils mécaniques; pour qui l'idée d'élever un obélisque n'exigeait que l'art de tirer d'une carrière de granit un fût quadrangulaire de trente à quarante mètres de longueur, d'en tailler et polir les quatre faces comme celles d'une petite pierre fine, cornaline ou grenat, d'y graver en creux des signes par centaines, représentant exactement des objets ou de la création ou de l'industrie humaine; de l'emmener à quelques centaines de lieues de distance, et de l'élever sur un socle où il repose encore après trois à quatre mille ans d'épreuve.

Mais à côté de la cité dont j'ai essayé de donner une idée, il en est une autre bien plus grande encore : c'est la Thèbes souterraine, la nécropole, la cité des morts, plus grande que celle des vivants, parce qu'elle recevait toujours sans rien rendre et sans rien perdre. La montagne qui regarde Thèbes du côté de l'ouest est criblée de tombeaux dont les hôtes, comme l'indiquent les inscriptions hiéroglyphiques, appartenaient tous aux classes élevées de la société. On se demande où étaient enfouis ceux d'une condition obscure.

L'asile sépulcral des Pharaons était plus mystérieux, plus séparé du monde des vivants. Pour l'atteindre il faut franchir cette montagne de l'ouest, et on ne peut le faire qu'avec assez de fatigue. Alors on arrive dans la vallée des Rois, gorge d'un aspect sévère, où rien ne rappelle la vie, et qui n'est habitée et habitable que par la mort. Là, dans le sein du roc, dans les profondeurs du sol calcaire, sont creusés des palais souterrains composés d'un grand nombre de chambres et formés quelquefois de plusieurs étages. Ces palais, dont tous les murs sont couverts d'hiéroglyphes et de peintures, et resplendissent aux flambeaux des couleurs les plus vives, ce sont les *tombeaux des rois*. On n'a pas trouvé dans Thèbes les traces d'une maison, et on y trouve des tombeaux presque intacts. Il y a de ces tombeaux tant dans la vallée parallèle au Nil que dans une vallée adjacente, moins fouillée, et qui semble avoir été le lieu de la sépulture des Pharaons de la dix-huitième dynastie, comme l'autre était destinée à recevoir ceux de la dix-neuvième. Ces palais funèbres étaient creusés dans le roc, et avaient pour murs les solides parois de la montagne.

Le plus grand et le plus magnifiquement orné de ces tombeaux est celui de Rhamsès-Méiamoun, dont la commission d'Égypte a donné le plan et la description la plus détaillée. Le sarcophage de ce tombeau est maintenant au musée égyptien du Louvre (1). C'est un magnifique monolithe en granit rose de 3 mètres 5 centimètres de long sur 1 mètre 70 centimètres de hauteur et 1 mètre 60 centimètres de largeur. C'est une espèce de cuve en pierre creusée pour recevoir la momie royale enfermée dans plusieurs riches cercueils et la conserver à perpétuité. C'est donc assez improprement qu'on donne à ces monuments le nom de *sarcophages* (2). Les Égyptiens, si magnifiques dans tout ce qui regardait les sépultures, ont décoré ces

---

(1) Il se trouve dans la salle du rez-de-chaussée, à gauche, en entrant par la porte au-dessous de la colonnade du Louvre. Il est inscrit sous le numéro D, 1.

(2) Ce mot, en effet, signifie *qui consume les chairs*, du grec σάρξ et φάγω.

monuments avec un soin tout spécial. Les sarcophages d'une très-ancienne époque sont fort simples, et néanmoins d'un beau travail. Celui de la grande pyramide n'a aucun ornement. Quant à ceux de la seconde époque, ils sont décorés avec une grande richesse ; celui de Rhamsès-Méiamoun est couvert de sculptures d'un travail admirable sur toutes ses surfaces, tant intérieures qu'extérieures. Le couvercle de ce beau sarcophage, en granit rose également, orné aussi de sculptures et d'inscriptions, n'est malheureusement pas à Paris ; il est en Angleterre, à l'université de Cambridge, à laquelle il appartient.

J'avais passé trois mois à visiter les monuments de Thèbes ; nous commencions à pénétrer dans les *hypogées* ou la ville souterraine, qui nous promettait des découvertes plus curieuses peut-être que la ville supérieure ; déjà j'avais parcouru quelques galeries, visité quelques tombeaux, recueilli un grand nombre de statuettes et d'objets divers. J'oubliais presque, au milieu de ces occupations intéressantes, et le reste de l'Égypte, et la guerre, et notre situation, quand tout à coup un message du général Desaix vint me faire abandonner mes travaux archéologiques en m'ordonnant de le rejoindre immédiatement à Siout.

CHAPITRE X

Bataille d'Aboukir. — Retour de Bonaparte en France. — Retour de Desaix au Caire. — Motifs de son rappel. — Kléber songe à abandonner l'Égypte. — Défaite des janissaires à Damiette. — Desaix, quoique contraire au projet d'évacuation, est chargé de négocier le traité. — — Conférences à bord du *Tigre*. — Reprise des négociations à El-Arich. — Base des conventions. — Hésitation de Desaix. — Kléber lui ordonne de signer le traité. — Douleur de Desaix. — Sa lettre à Bonaparte. — Il se prépare à quitter l'Égypte. — Je dois partir avec lui. — Départ du Caire. — Relâche à Aboukir. — Le matelot provençal. — Premières nouvelles de la révolution du 18 brumaire. — Départ d'Alexandrie. — Contrariété dans notre navigation. — Nous sommes arrêtés en vue des côtes de France et conduits à Livourne. — Séjour au lazaret. — Nouvelles d'Égypte. — Bataille d'Héliopolis. — Départ de Livourne. — Arrivée en France.

Pendant tout le temps que j'étais resté avec les membres de la commission, je ne m'étais guère occupé de ce qui se passait dans le reste de l'Égypte. Aussi quel fut mon étonnement, en arrivant au quartier général, d'apprendre les événements extraordinaires qui venaient de s'accomplir! Dix-huit mille Turcs, convoyés par des vaisseaux anglais, ont débarqué le 15 juillet sur la plage d'Aboukir, la même qui avait été naguère témoin de notre grand désastre naval, et ils en ont enlevé le fort. Ils sont attaqués par Bonaparte dans la presqu'île où ils se sont retranchés. Mustapha-Pacha, qui les commande, est fait prisonnier avec deux cents janissaires; tous les autres combattants sont tués ou précipités dans la mer, hors cinq mille hommes renfermés dans le fort. Les tentes, les bagages, l'artillerie, restent au pouvoir du vainqueur. Jamais armée ne fut détruite plus rapidement. Kléber, Lannes et Murat se sont distingués dans cette sanglante journée.

Déjà nous avions entendu parler de ce grand fait d'armes, seulement nous n'en connaissions pas les détails; mais je n'étais nullement préparé à celui que j'appris de la bouche même du général Desaix : c'est que Bonaparte était parti pour la France. L'expédition d'Égypte avait trompé les espérances du général en chef; depuis six mois il était sans nouvelles de la France; il lui tardait d'y reparaître et d'y jouer le rôle auquel il se sentait appelé. Il prit la résolution hardie de quitter l'Égypte et de rentrer en France. Ayant donc placé l'armée sous le commandement de Kléber, il s'embarqua la nuit avec cinq cents hommes, n'ayant avec lui que deux frégates. Cette flottille avait à traverser une mer sillonnée de croiseurs anglais, elle ne pouvait espérer de se soustraire à leurs attaques; mais Bonaparte osa tenter le passage, et son espérance ne fut point trompée : la grande mission que Dieu lui avait réservée ne pouvait être retardée dans son accomplissement.

Je fus tellement saisi d'étonnement à cette nouvelle, que le général s'aperçut de mon trouble et me dit avec cette douceur qui ne l'abandonnait jamais : « Rassurez-vous, capitaine; vous êtes contrarié, j'en suis sûr, de ne pouvoir continuer vos études archéologiques, mais vous les reprendrez plus tard. Pour le moment nous retournons au Caire, où m'appelle le nouveau général en chef. Allez faire vos préparatifs de départ. »

Quelques heures après, nous étions embarqués et nous voguions lentement vers le Caire. A notre arrivée dans cette ville, nous trouvâmes le nouveau général en chef occupé avec une louable activité des divers devoirs que lui imposaient les importantes et délicates fonctions de commandant en chef. Le zèle et l'habileté dont il fit preuve à tous égards dans ces premiers jours avaient produit les meilleurs résultats, tant parmi les Français que parmi les indigènes. On aurait pu croire que Kléber était résolu de garder à tout prix notre conquête, et cependant il pensait à l'abandonner. Le motif qui l'avait déterminé à rappeler Desaix de la haute Égypte était de le charger avec Poussielgue des négociations nécessaires pour l'évacuation de l'Égypte par l'armée française. Kléber, sans nouvelles de France depuis le départ de Bonaparte, ne recevant point de renforts, était persuadé qu'il lui était impossible de résister longtemps aux efforts combinés des Anglais et des Turcs. Le bruit courait que le grand vizir Jussuf lui-même s'avançait du côté de la Syrie avec une armée de cent mille hommes, et qu'un autre corps d'armée allait également débarquer du côté de Rosette. Bientôt, en effet, on annonça l'arrivée d'une escadre turque sur la côte de la Méditerranée, et le débarquement de huit à dix mille janissaires sur la rive droite du Bogaz, entre le lac Menzaleh et la mer.

A cette nouvelle, Kléber se hâta d'expédier Desaix, avec une colonne de trois mille hommes, vers le littoral. Mais quand nous arrivâmes devant Damiette, nous ne trouvâmes plus d'ennemis. Le général Verdier, qui commandait dans cette place, et qui n'avait sous ses ordres qu'un millier d'hommes, dont huit cents fantassins et deux cents cavaliers, avait attaqué les Turcs au moment où la moitié seulement était débarquée, les avait culbutés, en avait tué trois mille, et fait le reste prisonniers. Les quatre à cinq mille qui n'avaient pas encore pris terre s'étaient hâtés de regagner leurs vaisseaux, et dès la nuit suivante toute cette flotte avait disparu.

Un si heureux début aurait dû changer les intentions de Kléber relativement à ses projets d'évacuation ; il en eut, dit-on, quelque velléité ; mais il fut entraîné par un grand nombre d'individus qu'il avait lui-même le premier disposés à cette idée. Desaix était loin d'être partisan de cette mesure, qu'il qualifiait de déplorable. Depuis notre retour du Saïd, il ne cessait de faire les plus grands efforts pour résister au torrent, pour relever le courage de ses compagnons d'armes ; longtemps il déclina le triste rôle dont Kléber voulait le charger ; et s'il finit par l'accepter, c'était dans l'espoir de traîner la négociation en longueur, et de donner le temps à quelque navire de France d'arriver avec des secours ou de nouvelles instructions. Au pis aller, il débattrait, il obtiendrait le traité le moins désavantageux possible.

C'est dans ces dispositions qu'il se rendit, avec son collègue Poussielgue, à bord du vaisseau anglais *le Tigre*, pour s'aboucher avec le commodore sir Sidney-Smith. Le général m'avait emmené avec lui, ainsi que ses deux aides de camp. Je fus émerveillé des égards dont sir Sidney combla Desaix. Cependant, malgré la courtoisie qui ne cessa de régner entre les négociateurs, on ne put s'entendre à cette première conférence. Les négociateurs turcs prétendaient n'avoir pas d'instructions suffisantes, et il fut alors décidé qu'on se rendrait au camp du grand vizir Jussuf pour continuer les conférences. Ce camp se trouvait à El-Arich, dont les Turcs s'étaient emparés après avoir massacré la garnison française, malgré une capitulation. Cet incident faillit rompre les négociations; cependant Kléber ne l'osa; mais, par précaution, il quitta le Caire et transporta son quartier général à Salahieh, à deux étapes d'El-Arich, afin de se rapprocher le plus possible du lieu des conférences.

Nous nous rendîmes à El-Arich par Jaffa, où nous avait transportés le *Tigre*. Nous arrivâmes au camp du vizir le 13 janvier 1800. Après de longs débats, des conventions furent arrêtées sur les bases suivantes : Suspension d'hostilités pendant trois mois; pendant ce temps-là, le grand vizir rassemblerait dans les ports d'Égypte un nombre de vaisseaux suffisant pour ramener l'armée en France, et Kléber évacuerait la haute Égypte, le Caire, les provinces environnantes, puis concentrerait ses troupes vers les points d'embarquement. L'armée française se retirerait avec armes, bagages et munitions. Puis venaient des articles de détail sur la perception des impôts, le paiement des indemnités dues à l'armée française, le délai pour l'évacuation de certains forts, etc. etc. L'article 14 portait que le général Kléber pourrait envoyer sur-le-champ en France un aviso, auquel il serait donné les saufs-conduits nécessaires pour prévenir le gouvernement français de l'évacuation de l'Égypte.

Au moment de signer lui même, et lorsque tous les articles de la convention semblaient arrêtés, Desaix fut pris d'un dernier scrupule. Son noble cœur se révoltait à l'idée du triste rôle qu'on l'obligeait à jouer dans cette affaire. L'évacuation de l'Égypte, sous quelque aspect qu'il l'envisageât, était à ses yeux une lâcheté, un crime de lèse-patrie. Il ne put se décider à apposer son nom au bas de l'acte qui allait la consacrer, sans faire une dernière tentative pour éloigner de lui ce calice d'amertume. Il ordonna à son aide de camp Savary de se rendre immédiatement auprès du général Kléber, et de lui dire, après qu'il aurait pris connaissance du projet de convention, qu'il ne le signerait que sur un ordre formel de sa part. Savary se mit en route aussitôt, rejoignit Kléber, et s'acquitta de sa commission. Kléber, pour mettre sa responsabilité à couvert, réunit un conseil de guerre et y appela tous les généraux de l'armée. La convention fut approuvée, et renvoyée à Desaix avec ordre d'y apposer sa signature. Desaix, navré de douleur, signa cette pièce le 28 janvier.

De retour à l'armée de Kléber, Desaix ne dissimula point son chagrin d'avoir été choisi pour une semblable mission, et forcé de la remplir par ordre du général en chef. Il ne songea plus dès lors qu'à retourner en France, pour se mettre à la disposition de Bonaparte, qui avait manifesté, en partant d'Égypte, le désir de le compter encore au nombre de ses lieutenants. En attendant, il lui adressa dès le 2 février la lettre suivante :

« L'évacuation de l'Égypte vient d'être signée,
« mon général !... Vous en serez sans doute surpris ;
« mais vous le serez plus encore quand vous saurez
« qu'elle l'a été par moi, qui me suis toujours pro-
« noncé pour la conservation de cette importante con-
« quête.

« Toutefois, je l'espère, votre étonnement, mon
« général, diminuera lorsque vous connaîtrez les cir-
« constances où je me suis trouvé. Je vous assure que
« je n'ai rien épargné pour vous donner le temps de

« nous envoyer des secours, et que je n'ai obéi qu'à
« l'ordre très-précis de votre successeur.

« Vous m'aviez, lors de votre départ, invité à vous
« rejoindre dans le courant de l'hiver; je compte partir
« dès que j'en trouverai les moyens. Que ferez-vous de
« moi après mon retour en France? Ce qu'il vous
« plaira. Je serai toujours disposé à entreprendre tout
« ce qui pourra le mieux vous convenir. Réparer la faute
« involontaire que j'ai commise, bien servir mon pays,
« et rester inactif le moins longtemps possible, c'est
« tout ce que je désire... »

De ce moment Desaix ne fut plus occupé que de rentrer en France. Il obtint facilement de Kléber d'être chargé de porter au gouvernement la convention d'El-Arich, et de partir par l'aviso qui devait être frété à cet effet et muni des saufs-conduits stipulés par l'article 14 de la convention. Je devais naturellement faire partie du voyage, comme attaché à son état-major. Quel bonheur de penser que j'allais bientôt revoir la France, que ce voyage se ferait avec sécurité, et que je serais dans la compagnie de l'homme pour lequel j'éprouvais le plus d'admiration et d'estime! Je me hâtai de réunir toutes les collections que j'avais faites depuis mon séjour en Égypte; j'en formai plusieurs caisses, que j'expédiai à Alexandrie, où nous devions nous embarquer. J'allai faire mes adieux au père Francesco, qui me félicita cordialement de mon retour dans ma patrie, et qui voulut bien se charger de me faire parvenir plusieurs objets que je n'avais pu emballer à cause de leur volume.

Enfin nous partîmes de Boulak le 20 février 1800. Les généraux Davout et Dugua étaient aussi du voyage.

Nous étions embarqués sur plusieurs djermes avec environ deux cents soldats blessés de différents corps de l'armée. Ils devaient passer en France et servir en même temps de garnison sur nos bords.

Nos amis, nos camarades nous accompagnèrent jusqu'au rivage ; nous nous embrassâmes tous, et nos voiles se déplièrent. Un long silence régna d'abord parmi nous, comme quand on s'éloigne à regret d'un pays qui vous est cher. Rien ne nous attachait au Caire, et pourtant nous ne voyions pas disparaître ses hauts minarets et ceux de Boulak sans éprouver un sentiment indéfinissable de tristesse. Mais cette impression fut passagère, et l'idée de revoir bientôt la patrie ne tarda pas à l'effacer.

Nous descendîmes le Nil paisiblement jusqu'à Rosette ; mais entre Rosette et Alexandrie le vent contraire nous força de relâcher à Aboukir, où nous trouvâmes plusieurs barques, entre autres celle du général Dugua, qui, comme la nôtre, y était venue chercher un abri.

A peine avions-nous mis pied à terre, que nous aperçûmes un bâtiment français courant sous ses voiles basses et n'osant trop s'approcher du fort. Une chaloupe s'en détacha : elle était remplie de matelots qui venaient nous reconnaître. Nous l'attendions avec impatience ; enfin elle aborde. Un matelot provençal saute à terre, et s'écrie dans son patois : *Trondidiou, Bonaparte, il est le premier consul de France!* C'est par ces mots, dont je ne comprenais guère encore le sens, c'est à Aboukir, sur le champ encore couvert des trophées de sa dernière victoire, que j'appris l'élévation de Bonaparte au pouvoir.

Nous accablions les matelots de mille questions à

la fois; ils nous répondaient avec une telle volubilité, que nous ne comprenions rien à leurs explications. Le premier canotier, interrogé avec plus de sang-froid par le général Dugua, lui répondit que son bâtiment était l'*Osiris*, ayant à bord le chef de brigade Latour, chargé de dépêches pour le général en chef. Le général envoya aussitôt le canot chercher cet officier, qui arriva bientôt avec des paquets et des journaux. Nous l'entourâmes dans le plus grand silence, et il nous raconta, à notre grand étonnement, la révolution du 18 brumaire. Bonaparte avait renversé le Directoire; la constitution française était établie sur de nouvelles bases; nous avions trois consuls, un sénat, un tribunat, un corps législatif, etc., etc.

Ces nouvelles furent reçues avec enthousiasme par tout le monde, officiers et soldats. Desaix, surtout, qui avait pour Bonaparte une admiration et un dévouement sans bornes, était dans le ravissement. Le vent s'étant calmé, nous partîmes d'Aboukir, et arrivâmes après quelques heures à Alexandrie. Nous nous embarquâmes aussitôt sur le brick marchand ragusais *la Santa-Maria-delle Grazie*; le général Davout monta sur l'aviso *l'Étoile*, qui nous suivait en parlementaire. Le 3 mars, au lever de l'aurore, nous sortîmes de la passe d'Alexandrie, et bientôt nos voiles se déployant au souffle de la brise, nous gagnâmes le large, et nous saluâmes une dernière fois du regard les rivages de l'Égypte.

Notre navigation fut contrariée d'abord par les mauvais temps et les vents d'ouest; puis, arrivés en vue des côtes de France, nous fûmes arrêtés par une frégate anglaise, *la Dorothée*, qui nous conduisit à Livourne, auprès de l'amiral Keith. Là nous apprîmes que la cour de Londres avait refusé de ratifier le traité d'El-Arich, et donné l'ordre d'arrêter tous les bâtiments français qui reviendraient d'Égypte ; mais l'amiral ajouta qu'il avait envoyé un courrier à Londres pour prendre de nouveaux ordres, qu'en attendant nous ferions notre quarantaine à Livourne, et qu'il s'empresserait de nous instruire des nouvelles instructions qu'il pourrait recevoir.

Il fallut se résigner. Le lendemain nous descendîmes au lazaret, où nous passâmes un mois. Le jour même de notre sortie de quarantaine, nous vîmes arriver M. Poussielgue, l'un des signataires de la convention d'El-Arich. Il nous raconta que, deux jours après notre départ, le vaisseau anglais qui croisait devant Alexandrie était venu annoncer que le gouvernement anglais refusait de ratifier le traité, et exigeait que l'armée française se rendît prisonnière de guerre. A cette nouvelle, Kléber avait été saisi d'indignation ; il avait mis la lettre de l'amiral Keith à l'ordre du jour, en ajoutant que la réponse à une telle insolence était au bout de nos baïonnettes. Il rassembla son armée, la fit marcher contre celle du vizir, qu'il rencontra près d'Héliopolis, et là il la battit aussi complétement que l'avaient été les deux armées turques du mont Thabor et d'Aboukir. Dès lors Kléber ne songeait plus à évacuer l'Égypte, et il s'occupait avec activité à la réorganiser.

Cette victoire décida l'Angleterre à accepter le traité d'El-Arich ; en conséquence l'amiral Keith nous fit dire que nous étions libres de partir. Nous quittâmes gaiement Livourne, et le 24 avril 1800 nous entrâmes dans la rade de Toulon. Nous restâmes vingt-cinq jours au lazaret. Pendant ce temps, qui nous parut bien long, nous reçûmes beaucoup de visites et des lettres de nos parents.

Desaix en reçut une de Bonaparte. Elle l'attendrit vivement. Le premier consul y peignait les chagrins qui entourent la grandeur, et l'engageait à se rendre sur-le-champ près de lui. Desaix nous disait avec sa voix douce et modeste : « Ce pauvre Bonaparte, il est couvert de gloire, et il n'est pas heureux. » Puis, lisant dans les journaux la marche de l'armée de réserve, il s'écriait : « Il ne nous laisse plus rien à faire. »

Le 19 mai, nous sortîmes de quarantaine. Le surlendemain nous étions à Marseille. Là je me séparai de Desaix pour aller dans ma famille, mais avec ordre de le rejoindre dans deux mois au plus tard. Hélas! dans cet intervalle il tombait frappé mortellement à Marengo, le jour même où Kléber succombait sous le poignard d'un assassin.

« Avec Kléber, dit un historien contemporain, s'éteint l'éclat de cette vaillante armée. Menou, son successeur, est sans capacité comme militaire, comme administrateur; et cependant les vingt-cinq mille Français dont le sort lui est remis ne sauraient plus être sauvés que par la combinaison du génie et l'élan du courage.

Le 30 août 1801 s'opère la reddition d'Alexandrie, dernier poste occupé par l'armée d'Égypte. La convention est signée par Abdallah, par Jacques Menou et Hutchinson, commandants français et anglais, et par le capitan-pacha. — Les puissances ennemies s'engagent à ramener en France la garnison. A peine reste-t-il sur pied trois mille soldats; les maladies retiennent dans les hôpiteaux la moitié des hommes en état de porter les armes; les vivres et les médicaments finissent ; l'eau douce est devenue si rare, qu'on ne la distribue plus que par ration ; les ennemis sont formidables par leur grand nombre. — Les causes qui ont hâté la perte de cette possession existent presque uniquement dans les mauvaises dispositions prises, avant l'apparition de l'ennemi comme après son débarquement, par le chef inhabile de la vaillante armée française. — La capitulation est fidèlement observée de la part des Anglais.

« Ainsi se termine l'expédition la plus mémorable des temps modernes ; expédition conçue avec habileté, commencée sous les plus brillants auspices, et qui devait ramener dans l'Égypte dégénérée la civilisation avec tous ses bienfaits. Qui n'en déplorerait l'issue, en voyant transporter les prodiges de la science dans la mêlée des armes, les lumières de l'Europe chez les Bédouins, les arts de la culture au milieu des déserts ?

« Cette expédition ajouta sans doute à la gloire des Français, mais elle ne produisit d'autre avantage que celui d'obtenir une connaissance plus exacte de quelques-unes de ces ruines qui passionnent, qui transportent des antiquaires dédaigneux de tout ce qui est moderne. »

FIN

TABLE

Avant-propos. 1

CHAPITRE I

Le congé de semestre. — Retour dans ma famille. — Mes occupations pendant mon congé. — La lettre du docteur Marchand. — Départ pour Toulon. — Spectacle que présente l'armée. — Arrivée de Bonaparte. — Sa proclamation — Départ de la flotte. — Notre-Dame-de-la-Garde. — Route de la flotte. — Sa disposition pendant la marche. — Arrivée devant Malte. — Préparatifs pour s'emparer de cette île. — Réflexions. — Situation de l'île de Malte. — Coup d'œil sur son histoire. — Bonaparte demande l'entrée du port pour faire de l'eau. — Réponse du grand maître. — Réponse de Bonaparte. — Attaque de l'île sur tous les points. — Capitulation. — Occupation de l'île et des forts par l'armée française. — Visite dans l'île. — Sa description. — La cité Lavallette. — Appareillage de la flotte. — Départ du général Baraguay-d'Hilliers pour la France. 7

CHAPITRE II

Arrivée devant Alexandrie. — Coup d'œil sur la topographie de l'Égypte. — Sa division en haute, moyenne et basse. — Le Nil. — Fertilité de la vallée du Nil. — Population de l'Égypte ancienne. — Sa population au moment de l'expédition. — Cophtes, Arabes et Turcs. — Mameluks. — Organisation de cette milice. — Elle secoue le joug de la Porte et devient maîtresse de l'Égypte. — Les beys. — Leurs rivalités. — Ibrahim et Mourad-Bey. — Vexations exercées contre les négociants français. — Plaintes adressées par eux au gouvernement français. — Réponse de la Porte. — Nouvelles vexations des beys. — Apparition de la flotte française sur les côtes d'Égypte. — Bonaparte donne l'ordre du débarquement. — Sa proclamation à l'armée. — Opération du débarquement. — Marche des premières troupes débarquées contre Alexandrie. — Apparition des Bédouins. — Alexandrie. — Son ancienne prospérité, sa décadence. — Assaut et prise de cette ville. — Entrée de Bonaparte à Alexandrie. — Danger qu'il court. —

Le gouverneur Coraïm prend parti contre les mameluks. — Négociations avec les Arabes du désert. — Débarquement du reste de l'armée. — Funérailles des Français tués devant Alexandrie. — Organisation administrative d'Alexandrie. — Proclamation aux Égyptiens. — Le contre-amiral Perrée et le général Dugua envoyés pour s'emparer de Rosette. — État de cette ville. — Terreur des habitants. — Le négociant Varsy. — Danger qu'il court. — Massacre d'un domestique français. — Arrivée de la proclamation de Bonaparte. — Effets qu'elle produit. — Les habitants envoient leur soumission au général Dugua. — Ce général laisse une garnison et remonte le Nil avec sa division. — Bonaparte donne des ordres pour pourvoir à la sûreté de l'escadre. 28

CHAPITRE III

Départ d'Alexandrie. — Route d'Alexandrie à Damanhour. — Le désert. — Souffrances de l'armée. — Attaque des Bédouins. — Arrivée à Birket. — Nouvelles souffrances. — Soif excessive. — Le mirage. — Son effet. — Arrivée à Damanhour. — Départ de l'état-major. — Marche de nuit. — Fausse alerte des guides. — Séjour à Damanhour. — Assassinat de l'adjudant-général Muireur et de l'adjudant Delanau par des Arabes. — Tristesse et abattement de l'armée. — Arrivée à Ramanieh. — Joie de l'armée à la vue du Nil. — Officiers et soldats se précipitent dans l'eau. — Séjour à Ramanieh. — Arrivée de la division Dugua et de la flottille de l'amiral Perrée. — Départ de Ramanieh. — Gaieté revenue dans l'armée. — Combat de la flottille française contre la flottille turque et les mameluks. — Arrivée de l'armée à Chébréiss. — Apparition des mameluks. — Leur mépris pour l'infanterie française. — Disposition des deux armées. — Escarmouches avant l'action. — Manière de combattre des mameluks. — Leur courage individuel. — Leur ignorance des mouvements d'ensemble. — Leur charge contre nos carrés. — Leur déroute et leur fuite. — Prise du camp de Chébréiss. — Continuation de la marche sur le Caire. — Lenteur et fatigue de cette marche. — Nouveaux murmures de l'armée. — Ma corvée nocturne entre Térané et Ouardan. — Mutinerie des soldats d'une escorte. — Malédiction contre les *savants*. — Les soldats veulent retourner au camp. — Les officiers sont obligés de céder. — Conseil à ce sujet. — Fausse alerte. — Retour au camp. — Incident qui met fin à la mutinerie des soldats. — Silence gardé sur ce fait. — Séjour à Ouardan. — Arrivée à Omédinar. — Départ d'Omédinar. — Arrivée en vue du Caire et des Pyramides. — Sentiments qu'éprouve l'armée. — Paroles de Bonaparte telles qu'il les a prononcées. — Bataille des Pyramides. — Disposition de l'armée des mameluks. — Ordre de bataille de l'armée française. — Défaite et fuite des mameluks. — Incendie de la flottille. — Prise du camp d'Embabeh. — Tableau de ce camp dans la soirée de la bataille. — Le quartier général s'établit à Giseh. 50

CHAPITRE IV

Désordres au Caire. — Prise de possession de cette ville par les Français. — Proclamation de Bonaparte aux habitants du Caire. — Son entrée dans cette ville. — Organisation de l'administration. — Création du grand divan.' — Colonnes mobiles. — Mesures prises pour achever la soumission de l'Égypte. — Desaix est chargé de contenir Mourad-Bey. — Bonaparte marche lui-même contre Ibrahim. — Description du Caire. — Aspect de cette ville. — Ses rues, ses maisons, ses mosquées. — Mosquées d'Amrou, d'El-Azhar. — Tombeaux des kalifes. — Citadelle. — Le puits de Joseph. — Bazars. — Industries. — Leur distribution par quartiers. — Retour de Bonaparte de son expédition contre Ibrahim. — Victoire de Salahieh. — Ibrahim se réfugie en Syrie. — Destruction de la flotte française à Aboukir. — Effets produits par la nouvelle de ce désastre. — Bonaparte l'apprend en quittant Salahieh. — Paroles qu'il adresse à ceux qui l'entourent. — Son retour ranime la confiance. — Parti qu'il tire des restes de la flotte. — Organisation administrative de la basse Égypte. — Fête du Nil présidée par Bonaparte. — Fête de Mahomet. — Réflexions. — Fondation de l'Institut d'Égypte. — Son objet. — Sa composition. — Noms des membres qui en firent partie. — Son installation. — Ses premières séances. — Ses premiers travaux.   75

CHAPITRE V

Déclaration de guerre de la Turquie contre la France. — Manifeste du Grand Seigneur. — Les Anglais le répandent en Égypte. — Révoltes dans la basse Égypte. — Efforts de Bonaparte pour maintenir la tranquillité au Caire. — Mécontentement occasionné par l'enregistrement des titres de propriété. — Révolte du Caire. — Pillage de la maison du général Caffarelli. — Massacre de deux ingénieurs. — Attaque de la maison de l'Institut. — Mort du général Dupuis. — Massacre d'un convoi de blessés. — Mort de Sulkowski. — Batteries établies par le général Dommartin. — Bonaparte ordonne une attaque générale contre les insurgés. — Bombardement de la mosquée. — Orage. — Les insurgés se soumettent. — Rétablissement de l'ordre. Supplice des principaux instigateurs de la révolte. — Dissolution du grand divan. — Effets de l'insurrection du Caire. — La domination des Français consolidée. — Calme rétabli dans les provinces. — Système de fortifications du Caire. — Création de divers établissements industriels et d'utilité publique. — Excursion aux environs du Caire. — L'île de Moudah. — Le *mekias* ou nilomètre. — Course sur la lisière du désert. — Halte aux pyramides. — Sakkarah. — Les Arabes du désert. — Retour au Caire. — Visite aux pyramides. — Description de la pyramide de Chéops. — Visite dans l'intérieur. — Le sphinx. — Sa description. — Cryptes. — Ruines d'Héliopolis. — Obélisque. —

Joseph et Putiphar. — Souvenirs de la fuite en Égypte. — Un dîner chez un riche habitant du Caire. — Ode arabe sur la conquête de l'Égypte par les Français. — Littérature et poésie des Arabes. 98

CHAPITRE VI

Expédition de Desaix dans le Faïoum à la poursuite de Mourad-Bey. — Bataille de Sediman. — Défaite des mameluks. — Envoi de renforts à Desaix. — J'obtiens de faire partie de cette expédition. — Arrivée au Faïoum — Le lac Mœris. — Le labyrinthe. — Route le long du canal d'Youssouf. — Marche vers la haute Égypte. — Ruines d'*Hermopolis Magna*. — Siout (Lycopolis) — Girgeh. — Tentative de Mourad pour s'emparer de la flottille française. — Desaix la fait échouer. — Bataille de Samnhoud. — Mourad Bey est encore battu. — Suite de cette victoire. — Arrivée à Dendérah (Tentyris.) — Temple d'Athor. — Le zodiaque circulaire de Dendérah découvert par Desaix. — Observations de Desaix sur ce monument. — Prétendue antiquité du zodiaque. — Discussions à ce sujet. — Découverte qui fixe son origine. — Monuments égyptiens. — Preuve de la vérité des livres saints. — Arrivée à Thèbes. — L'armée salue les ruines de Thèbes. — Promenade nocturne au milieu des ruines. — Arrivée à Esneh. — Poursuite de Mourad jusqu'à l'extrémité de la haute Égypte. — Mon retour au Caire. 125

CHAPITRE VII

Préparatifs de la Porte Ottomane contre l'Égypte. — Situation critique des Français. — Bonaparte projette de prévenir l'ennemi. — Plan gigantesque de Bonaparte. — L'expédition de Syrie est résolue. — Formation du corps expéditionnaire. — Départ de l'armée. — Prise d'El-Arich. — Départ de cette place. — Arrivée à Kan-Younes. — Entrée en Palestine. — Souvenirs que me rappelle la vue de ce pays. — Aspect de la plaine et des coteaux. — La pluie. — Arrivée à Gaza. — Soumission de la ville. — Gaza, ville des Philistins. — Souvenirs de Samson. — Départ de Gaza. — Ramleh. — Je m'approche jusqu'à trois lieues de Jérusalem. — Arrivée devant Jaffa. — Attaque de cette ville. — Elle est prise d'assaut. — Horrible massacre. — Prisonniers fusillés. — Apparition de la peste. — Terreur de l'armée. — Bonaparte visite l'hôpital des pestiférés. 149

CHAPITRE VIII

Départ de Jaffa. — Arrivée à Meski. — Forêt enchantée du Tasse. — Combat de Korsoum. — Campement au pied du mont Carmel. — Prise de Caiffa. — Le *Tigre* et le *Thésée*. — L'armée campe devant Saint-Jean-d'Acre. — Situation de cette ville. — Opinion générale sur la force de cette place. — Proclamation aux habitants du pachalik d'Acre.

— Elle n'obtient du succès que chez les Druses. — Ils approvisionnent le camp de toutes sortes de denrées. — Une partie de la flottille française et toute l'artillerie de siège tombent au pouvoir des Anglais. — Attaque de la place avec de l'artillerie de campagne. — Premier assaut repoussé. — Sir Sidney-Smith. — Phélippeaux. — Continuation du siége. — Nouvelles de l'armée de Damas. — Le cheik Daher tient Bonaparte au courant des événements. — Création de quatre corps d'observation. — Je fais partie de celui de Murat. — Reconnaissance sur le Jourdain. — Route dans la montagne. — Le père *Francesco*. Arrivée à Sâfed. — Accueil du cheik et des habitants. — La garnison nous abandonne le fort. — Le commandant et son fils prisonniers. — La plaine et le pont de Jacob. — Le lac de Galilée. — Le Jourdain. — Retour au camp. — L'ennemi reparait en deçà du Jourdain. — Combat de Nazareth. — Départ de Kléber pour Nazareth. — Retour de Murat avec mille hommes à Sâfed. — Combat du pont de Jacob. — Déroute de l'ennemi. — Prise de son camp. — Marche sur Tabarieh. — Vue du lac de Génésareth. — Occupation de Tabarieh. — Bataille du mont Thabor. — Défaite de l'armée de Damas. — Je suis envoyé de Tabarieh à Nazareth. — Mes souvenirs dans ce voyage. — Capharnaüm. — Le mont Thabor. — Nazareth. — Le *Te Deum* dans la chapelle du couvent de Nazareth. — Retour au camp. — Arrivée de la grosse artillerie. — Nouveaux assauts repoussés. — Mort de Caffarelli. — Bonaparte se prépare à la retraite. — Retour de l'armée en Égypte. — Arrivée à Matarich. — La quarantaine. — Entrée solennelle de l'armée dans la capitale. — Députation des chefs. — Offrande du cheik El Bekri. — Le mameluk Roustan. — Impression que fait sur Bonaparte son échec à Saint-Jean-d'Acre. 168

CHAPITRE IX

Conquête de la haute Égypte achevée par Desaix. — Prise de possession de Cosséir. — Administration de Desaix. — Il est surnommé le sultan *Juste*. — L'île de Philæ. — Ses monuments de tous les âges. — Inscription qu'y a fait graver Desaix. — Troubles dans la basse Égypte. — L'imposteur El-Modhi. — Il est tué dans un combat. — Cessation des troubles. — Réorganisation de l'armée. — Je suis nommé capitaine. — Bonaparte forme une commission de savants et d'artistes pour explorer la haute Égypte. — Je fais partie de cette expédition, et je suis attaché à l'état-major du général Desaix. — Visite aux ruines de Memphis. — Retour dans la haute Égypte. — Syène. — Description de Thèbes. — Karnac. — Les allées des Sphinx. — Palais de Louqsor. — Obélisques. — Leur forme, leur coupe, manière dont ils étaient extraits de la carrière. — Gournah. — Statues de Memnon. — Médinet-Habou. — Réflexions sur les monuments de l'Égypte. — La Nécropole ou ville des morts. — Tombeaux des rois. — Tombeau de Rhamsès-Méiamoum. — Description du sarcophage de ce tombeau. — Le général Desaix me rappelle. 194

CHAPITRE X

Bataille d'Aboukir. — Retour de Bonaparte en France. — Retour de Desaix au Caire. — Motifs de son rappel. — Kléber songe à abandonner l'Égypte. — Défaite des janissaires à Damiette. — Desaix, quoique contraire au projet d'évacuation, est chargé de négocier le traité. — Conférences à bord du *Tigre*. — Reprise des négociations à El-Arich. — Base des conventions. — Hésitation de Desaix. — Kléber lui ordonne de signer le traité. — Douleur de Desaix. — Sa lettre à Bonaparte. — Il se prépare à quitter l'Égypte. — Je dois partir avec lui. — Départ du Caire. — Relâche à Aboukir. — Le matelot provençal. — Premières nouvelles de la révolution du 18 brumaire. — Départ d'Alexandrie. — Contrariété dans notre navigation. — Nous sommes arrêtés en vue des côtes de France et conduits à Livourne. — Séjour au lazaret. — Nouvelles d'Égypte. — Bataille d'Héliopolis. — Départ de Livourne. — Arrivée en France. 218

Tours.—Impr. MAME.